POÉSIES

RIMBAUD

Poésies

ARTHUR RIMBAUD
(1854-1891)

Il naît à Charleville le 20 octobre 1854, meurt à Marseille le 10 novembre 1891 : l'auteur d'*Une saison en enfer* n'aura vécu que trente-sept automnes. Dès son enfance, Arthur Rimbaud étonne ses maîtres par son intelligence brillante, et ses dons pour l'étude, mais aussi par son caractère fantasque, et instable. Lui qui se lie avec les gamins des rues, au grand dam de sa mère (le père a quitté le domicile conjugal) est capable, à 14 ans, de rédiger en latin un poème de 60 vers envoyé au fils de Napoléon III. La guerre de 1870 le rend, lui le fils d'un capitaine qui a conquis l'Algérie dans les armées de Bugeaud, antimilitariste.

Commencent les premières fugues, et la rédaction de fulgurants poèmes. L'élève de rhétorique, promis à un bel avenir universitaire entre en pleine révolte, vit comme un voyou, écrit « Mort à Dieu » sur les murs.

En septembre 71, il rencontre Verlaine, lequel, à 26 ans, vient de renoncer à ses débauches et de se marier. Verlaine, qui a lu ses poèmes, lui a envoyé l'argent pour faire le voyage jusqu'à Paris. Leur liaison tumultueuse fait scandale dans les cafés parisiens où Arthur Rimbaud, ivre comme Verlaine, qui a recommencé à boire et a quitté le domicile conjugal, insulte les écrivains et lève son verre aux victimes de la Commune. Ils partent en Belgique, puis à Londres.

Le 10 juillet 1873, Verlaine, ivre, blesse Rimbaud au bras d'un coup de pistolet parce qu'il ne veut plus partager avec lui son errance. Verlaine est condamné à la prison. Deux mois plus tard Rimbaud publie, à compte d'auteur, *Une saison en enfer*. Il croit, avec cette dramatique confession, accéder à la gloire. L'accueil est glacial.

Découragé, après un séjour à Londres avec le poète Germain Nouveau, où il achève *Les Illuminations*, il renonce à la littérature. Il n'a que 19 ans, rêve d'aventure et entreprend de parcourir l'Europe à pied, en vagabond. En 1876, il s'engage dans l'armée hollandaise, pour déserter au bout de trois semaines, voyage en Scandinavie, en Italie... Il n'écrit plus. Le poète est mort. Il a revu Verlaine en mars 1875, à Stuttgart où, pendant quelques mois, il a été précepteur. Ils se battent. Séparation définitive. Ils ne se verront plus.

En 1878, c'est l'appel du Sud. Voilà Rimbaud le vagabond chef de chantier à Chypre. Puis, en 1880, après une attaque de typhoïde, commerçant en Éthiopie, à Aden... Tour à tour trafiquant d'armes, exportateur de café, photographe, explorateur... L'enfant impertinent est devenu un homme austère, au visage émacié, au regard profond marqué par ses échecs successifs. Des créanciers le poursuivent ; personne, en France, ne daigne publier ses notes de voyage... Lui que la seule évocation des diplômes, lors de son adolescence, faisait fuir a appris l'arabe (son père, lors de son séjour en Algérie, avait traduit le Coran), l'hindoustani, le russe, outre les langues de tous les pays qu'il a visités ; il voudrait passer son baccalauréat, faire Polytechnique, rattraper le temps perdu... Ses *Illuminations* ont été publiées à son insu. en 1886, grâce à Verlaine.

Atteint d'une tumeur au genou, il doit rentrer en France, en février 1891, afin de se faire amputer. Retour trop tardif du fils prodigue à Charleville. Il est condamné. Son agonie est longue et douloureuse. Sa sœur Isabelle l'assiste, et tente de le convertir. Le blasphémateur se met à croire en Dieu, accepte les sacrements. Il veut mourir en Éthiopie, pays où il a trouvé la sérénité. Mais les forces lui manquent. Il n'ira pas au-delà de Marseille. Son dernier message est adressé au directeur des Messageries Maritimes : « Dites-moi à quelle heure je dois être transporté à bord »...

Verlaine, qui vit à Paris dans la misère, de cabarets en hôpitaux, apprend par la presse la mort de celui qu'il appelait « l'homme aux semelles de vent ». Il est bouleversé : « Son souvenir est un soleil qui flambe en moi et ne veut pas s'éteindre ». Il lui survivra cinq ans.

LES ÉTRENNES DES ORPHELINS

I

La chambre est pleine d'ombre ; on entend vaguement
De deux enfants le triste et doux chuchotement.
Leur front se penche, encore alourdi par le rêve,
Sous le long rideau blanc qui tremble et se soulève...
— Au dehors les oiseaux se rapprochent frileux ;
Leur aile s'engourdit sous le ton gris des cieux ;
Et la nouvelle Année, à la suite brumeuse,
Laissant traîner les plis de sa robe neigeuse,
Sourit avec des pleurs, et chante en grelottant...

II

Or les petits enfants, sous le rideau flottant,
Parlent bas comme on fait dans une nuit obscure.
Ils écoutent, pensifs, comme un lointain murmure...
Ils tressaillent souvent à la claire voix d'or
Du timbre matinal, qui frappe et frappe encor
Son refrain métallique en son globe de verre...
— Puis, la chambre est glacée... on voit traîner à terre,
Épars autour des lits, des vêtements de deuil ;

L'âpre bise d'hiver qui se lamente au seuil
Souffle dans le logis son haleine morose!
On sent, dans tout cela, qu'il manque quelque chose...
— Il n'est dont point de mère à ces petits enfants,
De mère au frais sourire, aux regards triomphants?
Elle a donc oublié, le soir, seule et penchée,
D'exciter une flamme à la cendre arrachée,
D'amonceler sur eux la laine et l'édredon
Avant de les quitter en leur criant : pardon.
Elle n'a point prévu la froideur matinale,
Ni bien fermé le seuil à la bise hivernale?...
— Le rêve maternel, c'est le tiède tapis,
C'est le nid cotonneux où les enfants tapis,
Comme de beaux oiseaux que balancent les branches,
Dorment leur doux sommeil plein de visions blanches!...
— Et là, — c'est comme un nid sans plumes, sans
[chaleur,
Où les petits ont froid, ne dorment pas, ont peur;
Un nid que doit avoir glacé la bise amère...

III

Votre cœur l'a compris : — ces enfants sont sans mère.
Plus de mère au logis! — et le père est bien loin!...
— Une vieille servante, alors, en a pris soin.
Les petits sont tout seuls en la maison glacée;
Orphelins de quatre ans, voilà qu'en leur pensée
S'éveille, par degrés, un souvenir riant...
C'est comme un chapelet qu'on égrène en priant :
— Ah! quel beau matin, que ce matin des étrennes!
Chacun, pendant la nuit, avait rêvé des siennes
Dans quelque songe étrange où l'on voyait joujoux,
Bonbons habillés d'or, étincelants bijoux,

Tourbillonner, danser une danse sonore,
Puis fuir sous les rideaux, puis reparaître encore !
On s'éveillait matin, on se levait joyeux,
La lèvre affriandée, en se frottant les yeux...
On allait, les cheveux emmêlés sur la tête,
Les yeux tout rayonnants, comme aux grands jours de
[fête
Et les petits pieds nus effleurant le plancher,
Aux portes des parents tout doucement toucher...
On entrait !... Puis alors les souhaits... en chemise,
Les baisers répétés, et la gaîté permise !

IV

Ah ! c'était si charmant, ces mots dits tant de fois !
— Mais comme il est changé, le logis d'autrefois :
Un grand feu pétillait, clair, dans la cheminée,
Toute la vieille chambre était illuminée ;
Et les reflets vermeils, sortis du grand foyer,
Sur les meubles vernis aimaient à tournoyer...
— L'armoire était sans clefs !... sans clefs, la grande
[armoire !
On regardait souvent sa porte brune et noire...
Sans clefs !... c'était étrange !... on rêvait bien des fois
Aux mystères dormant entre ses flancs de bois,
Et l'on croyait ouïr, au fond de la serrure
Béante, un bruit lointain, vague et joyeux murmure...
— La chambre des parents est bien vide, aujourd'hui :
Aucun reflet vermeil sous la porte n'a lui ;
Il n'est point de parents, de foyer, de clefs prises :
Partant, point de baisers, point de douces surprises !
Oh ! que le jour de l'an sera triste pour eux !
— Et, tout pensifs, tandis que de leurs grands yeux
[bleus,

Silencieusement tombe une larme amère,
Ils murmurent : « Quand donc reviendra notre mère ? »
. . . .

V

Maintenant, les petits sommeillent tristement :
Vous diriez, à les voir, qu'ils pleurent en dormant,
Tant leurs yeux sont gonflés et leur souffle pénible !
Les tout petits enfants ont le cœur si sensible !
— Mais l'ange des berceaux vient essuyer leurs yeux,
Et dans ce lourd sommeil met un rêve joyeux,
Un rêve si joyeux, que leur lèvre mi-close,
Souriante, semblait murmurer quelque chose...
— Ils rêvent que, penchés sur leur petit bras rond,
Doux geste du réveil, ils avancent le front,
Et leur vague regard tout autour d'eux se pose...
Ils se croient endormis dans un paradis rose...
Au foyer plein d'éclairs chante gaîment le feu...
Par la fenêtre on voit là-bas un beau ciel bleu ;
La nature s'éveille et de rayons s'enivre...
La terre, demi-nue, heureuse de revivre,
A des frissons de joie aux baisers du soleil...
Et dans le vieux logis tout est tiède et vermeil :
Les sombres vêtements ne jonchent plus la terre,
La bise sous le seuil a fini par se taire...
On dirait qu'une fée a passé dans cela !...
— Les enfants, tout joyeux, ont jeté deux cris... Là,
Près du lit maternel, sous un beau rayon rose,
Là, sur le grand tapis, resplendit quelque chose...
Ce sont des médaillons argentés, noirs et blancs,
De la nacre et du jais aux reflets scintillants ;
Des petits cadres noirs, des couronnes de verre,
Ayant trois mots gravés en or : « A NOTRE MÈRE ! »
. . . .

SENSATION

PAR les soirs bleus d'été, j'irai dans les sentiers,
Picoté par les blés, fouler l'herbe menue :
Rêveur, j'en sentirai la fraîcheur à mes pieds.
Je laisserai le vent baigner ma tête nue.

Je ne parlerai pas, je ne penserai rien :
Mais l'amour infini me montera dans l'âme,
Et j'irai loin, bien loin, comme un bohémien,
Par la Nature, — heureux comme avec une femme.

Mars 1870.

LE FORGERON

Palais des Tuileries, vers le 10 août 92**.

LE bras sur un marteau gigantesque, effrayant
D'ivresse et de grandeur, le front vaste, riant
Comme un clairon d'airain, avec toute sa bouche,
Et prenant ce gros-là dans son regard farouche,
Le Forgeron parlait à Louis Seize, un jour
Que le Peuple était là, se tordant tout autour,
Et sur les lambris d'or traînant sa veste sale.
Or le bon roi, debout sur son ventre, était pâle,
Pâle comme un vaincu qu'on prend pour le gibet,
Et, soumis comme un chien, jamais ne regimbait
Car ce maraud de forge aux énormes épaules
Lui disait de vieux mots et des choses si drôles,
Que cela l'empoignait au front, comme cela !

« Or, tu sais bien, Monsieur, nous chantions tra la la
Et nous piquions les bœufs vers les sillons des autres :
Le Chanoine au soleil filait des patenôtres
Sur des chapelets clairs grenés de pièces d'or.
Le Seigneur, à cheval, passait, sonnant du cor
Et l'un avec la hart, l'autre avec la cravache
Nous fouaillaient. — Hébétés comme des yeux de vache,
Nos yeux ne pleuraient plus ; nous allions, nous allions,
Et quand nous avions mis le pays en sillons,
Quand nous avions laissé dans cette terre noire
Un peu de notre chair... nous avions un pourboire :
On nous faisait flamber nos taudis dans la nuit ;
Nos petits y faisaient un gâteau fort bien cuit.
... « Oh ! je ne me plains pas. Je te dis mes bêtises,
C'est entre nous. J'admets que tu me contredises.
Or, n'est-ce pas joyeux de voir, au mois de juin,
Dans les granges entrer des voitures de foin
Énormes ? De sentir l'odeur de ce qui pousse,
Des vergers quand il pleut un peu, de l'herbe rousse ?
De voir des blés, des blés, des épis pleins de grain,
De penser que cela prépare bien du pain ?...
Oh ! plus fort, on irait, au fourneau qui s'allume,
Chanter joyeusement en martelant l'enclume,
Si l'on était certain de pouvoir prendre un peu,
Étant homme, à la fin ! de ce que donne Dieu !
— Mais voilà, c'est toujours la même vieille histoire !

« Mais je sais, maintenant ! Moi, je ne peux plus croire,
Quand j'ai deux bonnes mains, mon front et mon

                                  [marteau,
Qu'un homme vienne là, dague sur le manteau,
Et me dise : Mon gars, ensemence ma terre ;
Que l'on arrive encor, quand ce serait la guerre,
Me prendre mon garçon comme cela, chez moi !
— Moi, je serais un homme, et toi, tu serais roi,

Tu me dirais : Je veux!...
— Tu vois bien, c'est stupide.
Tu crois que j'aime voir ta baraque splendide,
Tes officiers dorés, tes mille chenapans,
Tes palsembleu bâtards tournant comme des paons :
Ils ont rempli ton nid de l'odeur de nos filles
Et de petits billets pour nous mettre aux Bastilles,
Et nous dirons : C'est bien : les pauvres à genoux!
Nous dorerons ton Louvre en donnant nos gros sous!
Et tu te soûleras, tu feras belle fête,
— Et ces Messieurs riront, les reins sur notre tête!

« Non. Ces saletés-là datent de nos papas!
Oh! Le Peuple n'est plus une putain. Trois pas
Et, tous, nous avons mis ta Bastille en poussière.
Cette bête suait du sang à chaque pierre
Et c'était dégoûtant, la Bastille debout
Avec ses murs lépreux qui nous racontaient tout
Et, toujours, nous tenaient enfermés dans leur ombre!
— Citoyen! citoyen! c'était le passé sombre
Qui croulait, qui râlait, quand nous prîmes la tour!
Nous avions quelque chose au cœur comme l'amour.
Nous avions embrassé nos fils sur nos poitrines.
Et, comme des chevaux, en soufflant des narines
Nous allions, fiers et forts, et ça nous battait là...
Nous marchions au soleil, front haut, — comme cela, —
Dans Paris! On venait devant nos vestes sales.
Enfin! Nous nous sentions Hommes! Nous étions pâles,
Sire, nous étions soûls de terribles espoirs :
Et quand nous fûmes là, devant les donjons noirs,
Agitant nos clairons et nos feuilles de chêne,
Les piques à la main; nous n'eûmes pas de haine,
— Nous nous sentions si forts, nous voulions être doux!
. . . .

« Et depuis ce jour-là, nous sommes comme fous !
Le tas des ouvriers a monté dans la rue,
Et ces maudits s'en vont, foule toujours accrue
De sombres revenants, aux portes des richards.
Moi, je cours avec eux assommer les mouchards :
Et je vais dans Paris, noir, marteau sur l'épaule,
Farouche, à chaque coin balayant quelque drôle,
Et, si tu me riais au nez, je te tuerais !
— Puis, tu peux y compter, tu te feras des frais
Avec tes hommes noirs, qui prennent nos requêtes
Pour se les renvoyer comme sur des raquettes
Et, tout bas, les malins ! se disent : « Qu'ils sont sots ! »
Pour mitonner des lois, coller de petits pots
Pleins de jolis décrets roses et de droguailles,
S'amuser à couper proprement quelques tailles,
Puis se boucher le nez quand nous marchons près d'eux.
— Nos doux représentants qui nous trouvent crasseux !
— Pour ne rien redouter, rien, que les baïonnettes...
C'est très bien. Foin de leur tabatière à sornettes !
Nous en avons assez, là, de ces cerveaux plats
Et de ces ventres-dieux. Ah ! ce sont là les plats
Que tu nous sers, bourgeois, quand nous sommes
                                    [féroces,
Quand nous brisons déjà les sceptres et les crosses !... »
. . . .

Il le prend par le bras, arrache le velours
Des rideaux, et lui montre en bas les larges cours
Où fourmille, où fourmille, où se lève la foule,
La foule épouvantable avec des bruits de houle,
Hurlant comme une chienne, hurlant comme une mer,
Avec ses bâtons forts et ses piques de fer,
Ses tambours, ses grands cris de halles et de bouges,
Tas sombre de haillons saignant de bonnets rouges :

L'Homme, par la fenêtre ouverte, montre tout
Au roi pâle et suant qui chancelle debout,
Malade à regarder cela !
                              « C'est la Crapule,
Sire. Ça bave aux murs, ça monte, ça pullule :
— Puisqu'ils ne mangent pas, Sire, ce sont des gueux !
Je suis un forgeron : ma femme est avec eux,
Folle ! Elle croit trouver du pain aux Tuileries !
— On ne veut pas de nous dans les boulangeries.
J'ai trois petits. Je suis crapule. — Je connais
Des vieilles qui s'en vont pleurant sous leurs bonnets
Parce qu'on leur a pris leur garçon ou leur fille :
C'est la crapule. — Un homme était à la bastille,
Un autre était forçat : et tous deux, citoyens
Honnêtes. Libérés, ils sont comme des chiens :
On les insulte ! Alors, ils ont là quelque chose
Qui leur fait mal, allez ! C'est terrible, et c'est cause
Que se sentant brisés, que, se sentant damnés,
Ils sont là, maintenant, hurlant sous votre nez !
Crapule. — Là-dedans sont des filles, infâmes
Parce que, — vous saviez que c'est faible, les femmes, —
Messeigneurs de la Cour, — que ça veut toujours bien, —
Vous leur avez craché sur l'âme, comme rien !
Vos belles, aujourd'hui, sont là. C'est la crapule.
. . . .

« Oh ! tous les Malheureux, tous ceux dont le dos brûle
Sous le soleil féroce, et qui vont, et qui vont,
Qui dans ce travail-là sentent crever leur front...
Chapeau bas, mes bourgeois ! Oh ! ceux-là, sont des
                                              [Hommes !
Nous sommes Ouvriers, Sire ! Ouvriers ! Nous sommes
Pour les grands temps nouveaux où l'on voudra savoir,
Où l'Homme forgera du matin jusqu'au soir,
Chasseur des grands effets, chasseur des grandes causes,

Où, lentement vainqueur, il domptera les choses
Et montera sur Tout, comme sur un cheval !

Oh ! splendides lueurs des forges ! Plus de mal,
Plus ! — Ce qu'on ne sait pas, c'est peut-être terrible :
Nous saurons ! — Nos marteaux en main, passons au
[crible
Tout ce que nous savons : puis, Frères, en avant !Nous
faisons quelquefois ce grand rêve émouvant
De vivre simplement, ardemment, sans rien dire
De mauvais, travaillant sous l'auguste sourire
D'une femme qu'on aime avec un noble amour :
Et l'on travaillerait fièrement tout le jour,
Écoutant le devoir comme un clairon qui sonne :
Et l'on se sentirait très heureux ; et personne,
Oh ! personne, surtout, ne vous ferait ployer !
On aurait un fusil au-dessus du foyer...
....
« Oh ! mais l'air est tout plein d'une odeur de bataille.
Que te disais-je donc ? Je suis de la canaille !
Il reste des mouchards et des accapareurs.
Nous sommes libres, nous ! Nous avons des terreurs
Où nous nous sentons grands, oh ! si grands ! Tout à
[l'heure
Je parlais de devoir calme, d'une demeure...
Regarde donc le ciel ! — C'est trop petit pour nous,
Nous crèverions de chaud, nous serions à genoux !
Regarde donc le ciel ! — Je rentre dans la foule,
Dans la grande canaille effroyable, qui roule,
Sire, tes vieux canons sur les sales pavés :
— Oh ! quand nous serons morts, nous les aurons lavés !
— Et si, devant nos cris, devant notre vengeance,
Les pattes des vieux rois mordorés, sur la France
Poussent leurs régiments en habits de gala,

Eh bien, n'est-ce pas, vous tous? Merde à ces chiens-
[là! »

. . . .

— Il reprit son marteau sur l'épaule.
                                        La foule
Près de cet homme-là se sentait l'âme soûle,
Et, dans la grande cour, dans les appartements,
Où Paris haletait avec des hurlements,
Un frisson secoua l'immense populace.
Alors, de sa main large et superbe de crasse,
Bien que le roi ventru suât, le Forgeron,
Terrible, lui jeta le bonnet rouge au front!

SOLEIL ET CHAIR

I

Le Soleil, le foyer de tendresse et de vie,
Verse l'amour brûlant à la terre ravie,
Et, quand on est couché sur la vallée, on sent
Que la terre est nubile et déborde de sang;
Que son immense sein, soulevé par une âme,
Est d'amour comme Dieu, de chair comme la femme,
Et qu'il renferme, gros de sève et de rayons,
Le grand fourmillement de tous les embryons!

Et tout croît, et tout monte!

                            — O Vénus, ô Déesse!
Je regrette les temps de l'antique jeunesse,
Des satyres lascifs, des faunes animaux,
Dieux qui mordaient d'amour l'écorce des rameaux
Et dans les nénufars baisaient la Nymphe blonde!

Je regrette les temps où la sève du monde,
L'eau du fleuve, le sang rose des arbres verts
Dans les veines de Pan mettaient un univers !
Où le sol palpitait, vert, sous ses pieds de chèvre ;
Où, baisant mollement le clair syrinx, sa lèvre
Modulait sous le ciel le grand hymne d'amour,
Où, debout sur la plaine, il entendait autour
Répondre à son appel la Nature vivante ;
Où les arbres muets, berçant l'oiseau qui chante,
La terre berçant l'homme, et tout l'Océan bleu
Et tous les animaux aimaient, aimaient en Dieu !
Je regrette les temps de la grande Cybèle
Qu'on disait parcourir, gigantesquement belle,
Sur un grand char d'airain, les splendides cités ;
Son double sein versait dans les immensités ;
Le pur ruissellement de la vie infinie.
L'Homme suçait, heureux, sa mamelle bénie,
Comme un petit enfant, jouant sur ses genoux.
— Parce qu'il était fort, l'Homme était chaste et doux.

Misère ! Maintenant il dit : Je sais les choses,
Et va, les yeux fermés et les oreilles closes.
— Et pourtant, plus de dieux ! plus de dieux ! l'Homme
                                    [est Roi,
L'Homme est Dieu ! Mais l'Amour, voilà la grande Foi.
Oh ! si l'homme puisait encore à ta mamelle,
Grande mère des dieux et des hommes, Cybèle ;
S'il n'avait pas laissé l'immortelle Astarté
Qui jadis, émergeant dans l'immense clarté
Des flots bleus, fleur de chair que la vague parfume,
Montra son nombril rose où vint neiger l'écume,
Et fit chanter, Déesse aux grands yeux noirs vainqueurs,
Le rossignol aux bois et l'amour dans les cœurs !

II

Je crois en toi! je crois en toi! Divine mère,
Aphrodite marine! — Oh! la route est amère
Depuis que l'autre Dieu nous attelle à sa croix;
Chair, Marbre, Fleur, Vénus, c'est en toi que je crois! —
Oui, l'Homme est triste et laid, triste sous le ciel vaste.
Il a des vêtements, parce qu'il n'est plus chaste,
Parce qu'il a sali son fier buste de dieu,
Et qu'il a rabougri, comme une idole au feu,
Son corps Olympien aux servitudes sales!
Oui, même après la mort, dans les squelettes pâles
Il veut vivre, insultant la première beauté!
— Et l'Idole où tu mis tant de virginité,
Où tu divinisas notre argile, la Femme,
Afin que l'Homme pût éclairer sa pauvre âme
Et monter lentement, dans un immense amour,
De la prison terrestre à la beauté du jour,
La Femme ne sait plus même être Courtisane!
— C'est une bonne farce! et le monde ricane
Au nom doux et sacré de la grande Vénus!

III

Si les temps revenaient, les temps qui sont venus!
— Car l'Homme a fini! l'Homme a joué tous les rôles!
Au grand jour, fatigué de briser des idoles
Il ressuscitera, libre de tous ses Dieux,
Et, comme il est du ciel, il scrutera les cieux!
L'Idéal, la pensée invincible, éternelle,
Tout; le dieu qui vit, sous son argile charnelle,
Montera, montera, brûlera sous son front!

Et quand tu le verras sonder tout l'horizon,
Contempteur des vieux jougs, libre de toute crainte,
Tu viendras lui donner la Rédemption sainte !
— Splendide, radieuse, au sein des grandes mers
Tu surgiras, jetant sur le vaste Univers
L'Amour infini dans un infini sourire !
Le Monde vibrera comme une immense lyre
Dans le frémissement d'un immense baiser !

— Le Monde a soif d'amour : tu viendras l'apaiser.
. . . .

Ô L'Homme a relevé sa tête libre et fière !
Et le rayon soudain de la beauté première
Fait palpiter le dieu dans l'autel de la chair !
Heureux du bien présent, pâle du mal souffert,
L'Homme veut tout sonder, — et savoir ! La Pensée,
La cavale longtemps, si longtemps oppressée
S'élance de son front ! Elle saura Pourquoi !...
Qu'elle bondisse libre, et l'Homme aura la Foi !
— Pourquoi l'azur muet et l'espace insondable ?
Pourquoi les astres d'or fourmillant comme un sable ?
Si l'on montait toujours, que verrait-on là-haut ?
Un Pasteur mène-t-il cet immense troupeau
De mondes cheminant dans l'horreur de l'espace ?
Et tous ces mondes-là, que l'éther vaste embrasse,
Vibrent-ils aux accents d'une éternelle voix ?
— Et l'Homme, peut-il voir ? peut-il dire : Je crois ?
La voix de la pensée est-elle plus qu'un rêve ?
— Si l'homme naît si tôt, si la vie est si brève,
D'où vient-il ? Sombre-t-il dans l'Océan profond
Des Germes, des Fœtus, des Embryons, au fond
De l'immense Creuset d'où la Mère-Nature
Le ressuscitera, vivante créature,
Pour aimer dans la rose, et croître dans les blés ?...

Nous ne pouvons savoir ! — Nous sommes accablés
D'un manteau d'ignorance et d'étroites chimères !
Singes d'hommes tombés de la vulve des mères,
Notre pâle raison nous cache l'infini !
Nous voulons regarder : — le Doute nous punit !
Le doute, morne oiseau, nous frappe de son aile...
— Et l'horizon s'enfuit d'une fuite éternelle !...
. . . .

Le grand ciel est ouvert ! les mystères sont morts
Devant l'Homme, debout, qui croise ses bras forts
Dans l'immense splendeur de la riche nature !
Il chante... et le bois chante, et le fleuve murmure
Un chant plein de bonheur qui monte vers le jour !...
— C'est la Rédemption ! c'est l'amour, c'est l'amour !...
. . . .

IV

Ô splendeur de la chair ! ô splendeur idéale !
Ô renouveau d'amour, aurore triomphale
Où, courbant à leurs pieds les Dieux et les Héros,
Kallipyge la blanche et le petit Éros
Effleureront, couverts de la neige des roses,
Les femmes et les fleurs sous leurs beaux pieds écloses !
— Ô grande Ariadné, qui jettes tes sanglots
Sur la rive, en voyant fuir là-bas sur les flots,
Blanche sous le soleil la voile de Thésée
Ô douce vierge enfant qu'une nuit a brisée,
Tais-toi ! Sur son char d'or brodé de noirs raisins,
Lysios, promené dans les champs Phrygiens
Par les tigres lascifs et les panthères rousses,

Le long des fleuves bleus rougit les sombres mousses.
— Zeus, Taureau, sur son cou berce comme une enfant
Le corps nu d'Europé, qui jette son bras blanc
Au cou nerveux du Dieu frissonnant dans la vague.
Il tourne lentement vers elle son œil vague ;
Elle, laisse traîner sa pâle joue en fleur
Au front de Zeus ; ses yeux sont fermés ; elle meurt
Dans un divin baiser, et le flot qui murmure
De son écume d'or fleurit sa chevelure.
— Entre le laurier-rose et le lotus jaseur
Glisse amoureusement le grand Cygne rêveur
Embrassant la Léda des blancheurs de son aile ;
— Et tandis que Cypris passe, étrangement belle,
Et, cambrant les rondeurs splendides de ses reins,
Étale fièrement l'or de ses larges seins
Et son ventre neigeux brodé de mousse noire,
— Héraclès, le Dompteur, qui, comme d'une gloire,
Fort, ceint son vaste corps de la peau du lion,
S'avance, front terrible et doux, à l'horizon !

Par la lune d'été vaguement éclairée,
Debout, nue, et rêvant dans sa pâleur dorée
Que tache le flot lourd de ses longs cheveux bleus,
Dans la clairière sombre où la mousse s'étoile,
La Dryade regarde au ciel silencieux...
— La blanche Séléné laisse flotter son voile,
Craintive, sur les pieds du bel Endymion,
Et lui jette un baiser dans un pâle rayon...
— La Source pleure au coin dans une longue extase...
C'est la Nymphe qui rêve, un coude sur son vase,
Au beau jeune homme blanc que son onde a pressé.
— Une brise d'amour dans la nuit a passé,
Et, dans les bois sacrés, dans l'horreur des grands arbres,
Majestueusement debout, les sombres Marbres,
Les Dieux, au front desquels le Bouvreuil fait son nid,

— Les Dieux écoutent l'Homme et le Monde infini !

29 avril 1870.

OPHÉLIE

I

SUR l'onde calme et noire où dorment les étoiles
La blanche Ophélia flotte comme un grand lys,
Flotte très lentement, couchée en ses longs voiles...
— On entend dans les bois lointains des hallalis.

Voici plus de mille ans que la triste Ophélie
Passe, fantôme blanc, sur le long fleuve noir,
Voici plus de mille ans que sa douce folie
Murmure sa romance à la brise du soir.

Le vent baise ses seins et déploie en corolle
Ses grands voiles bercés mollement par les eaux ;
Les saules frissonnants pleurent sur son épaule,
Sur son grand front rêveur s'inclinent les roseaux.

Les nénuphars froissés soupirent autour d'elle ;
Elle éveille parfois, dans un aune qui dort,
Quelque nid, d'où s'échappe un petit frisson d'aile :
— Un chant mystérieux tombe des astres d'or.

II

Ô pâle Ophélia ! belle comme la neige !
Oui tu mourus, enfant, par un fleuve emporté !

— C'est que les vents tombant des grands monts de
                                             [Norwège
T'avaient parlé tout bas de l'âpre liberté ;

C'est qu'un souffle, tordant ta grande chevelure,
A ton esprit rêveur portait d'étranges bruits ;
Que ton cœur écoutait le chant de la Nature
Dans les plaintes de l'arbre et les soupirs des nuits ;
C'est que la voix des mers folles, immense râle,
Brisait ton sein d'enfant, trop humain et trop doux.
C'est qu'un matin d'avril, un beau cavalier pâle,
Un pauvre fou, s'assit muet à tes genoux !

Ciel ! Amour ! Liberté ! Quel rêve, ô pauvre Folle !
Tu te fondais à lui comme une neige au feu ;
Tes grandes visions étranglaient ta parole
— Et l'Infini terrible effara ton œil bleu !

III

— Et le Poète dit qu'aux rayons des étoiles
Tu viens chercher, la nuit, les fleurs que tu cueillis ;
Et qu'il a vu sur l'eau, couchée en ses longs voiles,
La blanche Ophélia flotter, comme un grand lys.

15 mai 1870.

BAL DES PENDUS

Au gibet noir, manchot aimable,
Dansent, dansent les paladins
Les maigres paladins du diable

Les squelettes de Saladins.

Messire Belzébuth tire par la cravate
Ses petits pantins noirs grimaçant sur le ciel,
Et, leur claquant au front un revers de savate,
Les fait danser, danser aux sons d'un vieux Noël!

Et les pantins choqués enlacent leurs bras grêles :
Comme des orgues noirs, les poitrines à jour
Que serraient autrefois les gentes damoiselles,
Se heurtent longuement dans un hideux amour.

Hurrah! les gais danseurs, qui n'avez plus de panse!
On peut cabrioler, les tréteaux sont si longs!
Hop! qu'on ne sache plus si c'est bataille ou danse!
Belzébuth enragé racle ses violons!

Ô durs talons, jamais on n'use sa sandale!
Presque tous ont quitté la chemise de peau;
Le reste est peu gênant et se voit sans scandale.
Sur les crânes, la neige applique un blanc chapeau :

Le corbeau fait panache à ces têtes fêlées,
Un morceau de chair tremble à leur maigre menton :
On dirait, tournoyant dans les sombres mêlées,
Des preux, raides, heurtant armures de carton.

Hurrah! la bise siffle au grand bal des squelettes!
Le gibet noir mugit comme un orgue de fer!
Les loups vont répondant des forêts violettes :
A l'horizon, le ciel est d'un rouge d'enfer...

Holà, secouez-moi ces capitans funèbres
Qui défilent, sournois, de leurs gros doigts cassés
Un chapelet d'amour sur leurs pâles vertèbres :

Ce n'est pas un moustier ici, les trépassés!

Oh! voilà qu'au milieu de la danse macabre
Bondit dans le ciel rouge un grand squelette fou
Emporté par l'élan, comme un cheval se cabre :
Et, se sentant encor la corde raide au cou,
Crispe ses petits doigts sur son fémur qui craque
Avec des cris pareils à des ricanements,
Et, comme un baladin rentre dans la baraque,
Rebondit dans le bal au chant des ossements.

> Au gibet noir, manchot aimable,
> Dansent, dansent les paladins
> Les maigres paladins du diable,
> Les squelettes de Saladins.

LE CHATIMENT DE TARTUFE

Tisonnant, tisonnant son cœur amoureux sous
Sa chaste robe noire, heureux, la main gantée,
Un jour qu'il s'en allait, effroyablement doux,
Jaune, bavant la foi de sa bouche édentée,

Un jour qu'il s'en allait, « Oremus », — un Méchant
Le prit rudement par son oreille benoîte
Et lui jeta des mots affreux, en arrachant
Sa chaste robe noire autour de sa peau moite!

Châtiment!... Ses habits étaient déboutonnés,
Et le long chapelet des péchés pardonnés
S'égrenant dans son cœur, Saint Tartufe était pâle!...

Donc, il se confessait, priait, avec un râle!

L'homme se contenta d'emporter ses rabats...
— Peuh ! Tartufe était nu du haut jusques en bas !

VÉNUS ANADYOMÈNE

COMME d'un cercueil vert en fer blanc, une tête
De femme à cheveux bruns fortement pommadés
D'une vieille baignoire émerge, lente et bête,
Avec des déficits assez mal ravaudés ;

Puis le col gras et gris, les larges omoplates
Qui saillent, le dos court qui rentre et qui ressort ;
Puis les rondeurs des reins semblent prendre l'essor ;
La graisse sous la peau paraît en feuilles plates ;

L'échine est un peu rouge, et le tout sent un goût
Horrible étrangement ; on remarque surtout
Des singularités qu'il faut voir à la loupe...

Les reins portent deux mots gravés : Clara Venus ;
— Et tout ce corps remue et tend sa large croupe
Belle hideusement d'un ulcère à l'anus.

27 juillet 1870.

PREMIÈRE SOIRÉE

— ELLE était fort déshabillée
Et de grands arbres indiscrets
Aux vitres jetaient leur feuillée

Malinement, tout près, tout près.

Assise sur ma grande chaise,
Mi-nue, elle joignait les mains.
Sur le plancher frissonnaient d'aise
Ses petits pieds si fins, si fins.

— Je regardai, couleur de cire,
Un petit rayon buissonnier
Papillonner dans son sourire
Et sur son sein, — mouche au rosier.

— Je baisai ses fines chevilles.
Elle eut un doux rire brutal
Qui s'égrenait en claires trilles,
Un joli rire de cristal.

Les petits pieds sous la chemise
Se sauvèrent : « Veux-tu finir ! »
— La première audace permise,
Le rire feignait de punir !

— Pauvrets palpitants sous ma lèvre,
Je baisai doucement ses yeux :
— Elle jeta sa tête mièvre
En arrière : « Oh ! c'est encor mieux !...

Monsieur, j'ai deux mots à te dire... »
— Je lui jetai le reste au sein
Dans un baiser, qui la fit rire
D'un bon rire qui voulait bien...

— Elle était fort déshabillée
Et de grands arbres indiscrets
Aux vitres jetaient leur feuillée
Malinement, tout près, tout près.

LES REPARTIES DE NINA

. . . .

Lui — Ta poitrine sur ma poitrine,
    Hein! Nous irions,
Ayant de l'air plein la narine,
    Aux frais rayons

Du bon matin bleu, qui vous baigne
    Du vin de jour?...
Quand tout le bois frissonnant saigne
    Muet d'amour

De chaque branche, gouttes vertes,
    Des bourgeons clairs,
On sent dans les choses ouvertes
    Frémir des chairs :

Tu plongerais dans la luzerne
    Ton blanc peignoir,
Rosant à l'air ce bleu qui cerne
    Ton grand œil noir,

Amoureuse de la campagne,
    Semant partout,
Comme une mousse de champagne,
    Ton rire fou :

Riant à moi, brutal d'ivresse,
    Qui te prendrais
Comme cela, — la belle tresse,
    Oh! — qui boirais

Ton goût de framboise et de fraise,
  Ô chair de fleur!
Riant au vent qui te baise
  Comme un voleur,

Au rose, églantier qui t'embête
  Aimablement :
Riant surtout, ô folle tête,
  A ton amant!...

. . . .

Dix-sept ans! Tu seras heureuse!
  Oh! les grands prés,
La grande campagne amoureuse!
  — Dis, viens plus près**!...

— Ta poitrine sur ma poitrine,
  Mêlant nos voix,
Lents, nous gagnerions la ravine,
  Puis les grands bois!...

Puis, comme une petite morte,
  Le cœur pâmé,
Tu me dirais que je te porte,
  L'œil mi-fermé...

Je te porterais, palpitante,
  Dans le sentier :
L'oiseau filerait son andante :
  Au Noisetier...

Je te parlerais dans ta bouche;
  J'irais, pressant
Ton corps, comme une enfant qu'on couche,
  Ivre du sang

Qui coule, bleu, sous ta peau blanche
    Aux tons rosés :
Et te parlant la langue franche...
    Tiens!... — que tu sais...

Nos grands bois sentiraient la sève,
    Et le soleil
Sablerait d'or fin leur grand rêve
    Vert et vermeil.

. . . .

Le soir?... Nous reprendrons la route
    Blanche qui court
Flânant, comme un troupeau qui broute,
    Tout à l'entour

Les bons vergers à l'herbe bleue,
    Aux pommiers tors!
Comme on les sent toute une lieue
    Leurs parfums forts***!

Nous regagnerons le village
    Au ciel mi-noir;
Et ça sentira le laitage
    Dans l'air du soir;

Ça sentira l'étable, pleine
    De fumiers chauds,
Pleine d'un lent rythme d'haleine,
    Et de grands dos

Blanchissant sous quelque lumière;
    Et, tout là-bas,

Une vache fientera, fière,
    A chaque pas...

— Les lunettes de la grand'mère
    Et son nez long
Dans son missel; le pot de bière
    Cerclé de plomb,

Moussant entre les larges pipes
    Qui, crânement,
Fument : les effroyables lippes
    Qui, tout fumant,

Happent le jambon aux fourchettes
    Tant, tant et plus :
Le feu qui claire les couchettes
    Et les bahuts.

Les fesses luisantes et grasses
    D'un gros enfant
Qui fourre, à genoux, dans les tasses,
    Son museau blanc

Frôlé par un mufle qui gronde
    D'un ton gentil,
Et pourlèche la face ronde
    Du cher petit...

. . . .

Noire, rogue au bord de sa chaise,
    Affreux profil,
Une vieille devant la braise
    Qui fait du fil;

Que de choses verrons-nous, chère,
    Dans ces taudis,

Quand la flamme illumine, claire,
    Les carreaux gris!...

— Puis, petite et toute nichée
    Dans les lilas
Noirs et frais : la vitre cachée,
    Qui rit là-bas...

Tu viendras, tu viendras, je t'aime!
    Ce sera beau.
Tu viendras, n'est-ce pas, et même...

ELLE — Et mon bureau?

15 août 1870.

A LA MUSIQUE

Place de la Gare, à Charleville.

SUR la place taillée en mesquines pelouses,
Square où tout est correct, les arbres et les fleurs,
Tous les bourgeois poussifs qu'étranglent les chaleurs
Portent, les jeudis soirs, leurs bêtises jalouses.

— L'orchestre militaire, au milieu du jardin,
Balance ses schakos dans la Valse des fifres :
— Autour, aux premiers rangs, parade le gandin;
Le notaire pend à ses breloques à chiffres.

Des rentiers à lorgnons soulignent tous les couacs :
Les gros bureaux** bouffis traînent leurs grosses dames
Auprès desquelles vont, officieux cornacs***,
Celles dont les volants ont des airs de réclames;

Sur les bancs verts, des clubs d'épiciers retraités
Qui tisonnent le sable avec leur canne à pomme,
Fort sérieusement discutent les traités,
Puis prisent en argent, et reprennent : « En somme !... »

Épatant sur son banc les rondeurs de ses reins,
Un bourgeois à boutons clairs, bedaine flamande,
Savoure son onnaing d'où le tabac par brins
Déborde — vous savez, c'est de la contrebande ; —

Le long des gazons verts ricanent les voyous ;
Et, rendus amoureux par le chant des trombones,
Très naïfs et fumant des roses, les pioupious
Caressent les bébés pour enjôler les bonnes...

— Moi, je suis, débraillé comme un étudiant,
Sous les marronniers verts les alertes fillettes :
Elles le savent bien ; et tournent en riant,
Vers moi, leurs yeux tout pleins de choses indiscrètes.

Je ne dis pas un mot : je regarde toujours
La chair de leurs cous blancs brodés de mèches folles :
Je suis, sous le corsage et les frêles atours,
Le dos divin après la courbe des épaules.

J'ai bientôt déniché la bottine, le bas...
— Je reconstruis les corps, brûlé de belles fièvres.
Elles me trouvent drôle et se parlent tout bas...
— Et mes désirs brutaux s'accrochent à leurs lèvres****

LES EFFARÉS

Noirs dans la neige et dans la brume,
Au grand soupirail qui s'allume,
    Leurs culs en rond,

A genoux, cinq petits, — misère ! —
   Regardent le Boulanger faire
      Le lourd pain blond.

   Ils voient le fort bras blanc qui tourne
   La pâte grise et qui l'enfourne
      Dans un trou clair.

   Ils écoutent le bon pain cuire.
   Le Boulanger au gras sourire
      Grogne un vieil air.

   Ils sont blottis, pas un ne bouge,
   Au souffle du soupirail rouge
      Chaud comme un sein.

   Quand pour quelque médianoche,
   Façonné comme une brioche
      On sort le pain,

   Quand, sous les poutres enfumées,
   Chantent les croûtes parfumées
      Et les grillons,

   Que ce trou chaud souffle la vie,
   Ils ont leur âme si ravie
      Sous leurs haillons,

   Ils se ressentent si bien vivre,
   Les pauvres Jésus pleins de givre,
      Qu'ils sont là tous**,

   Collant leurs petits museaux roses
   Au treillage, grognant des choses
      Entre les trous,

Tout bêtes, faisant leurs prières
Et repliés vers ces lumières
   Du ciel rouvert,

Si fort, qu'ils crèvent leur culotte
Et que leur chemise tremblotte
   Au vent d'hiver.

ROMAN

I

On n'est pas sérieux, quand on a dix-sept ans.
— Un beau soir, foin des bocks et de la limonade,
Des cafés tapageurs aux lustres éclatants !
— On va sous les tilleuls verts de la promenade.

Les tilleus sentent bon dans les bons soirs de juin !
L'air est parfois si doux, qu'on ferme la paupière ;
Le vent chargé de bruits, — la ville n'est pas loin, -
A des parfums de vigne et des parfums de bière...

II

— Voilà qu'on aperçoit un tout petit chiffon
D'azur sombre, encadré d'une petite branche,
Piqué d'une mauvaise étoile, qui se fond
Avec de doux frissons ! petite et toute blanche...

Nuit de juin! Dix-sept ans! — On se laisse griser.
La sève est du champagne et vous monte à la tête...
On divague; on se sent aux lèvres un baiser
Qui palpite là, comme une petite bête...

III

Le cœur fou Robinsonne à travers les romans,
— Lorsque, dans la clarté d'un pâle réverbère,
Passe une demoiselle aux petits airs charmants,
Sous l'ombre du faux-col effrayant de son père...

Et, comme elle vous trouve immensément naïf,
Tout en faisant trotter ses petites bottines,
Elle se tourne, alerte et d'un mouvement vif...
— Sur vos lèvres alors meurent les cavatines...

IV

Vous êtes amoureux. Loué jusqu'au mois d'août.
Vous êtes amoureux. — Vos sonnets La font rire.
Tous vos amis s'en vont, vous êtes mauvais goût.
— Puis l'adorée, un soir, a daigné vous écrire...!

— Ce soir-là,... — vous rentrez aux cafés éclatants,
Vous demandez des bocks ou de la limonade...
— On n'est pas sérieux, quand on a dix-sept ans
Et qu'on a des tilleuls verts sur la promenade.

29 septembre 70.

> « ... Français de soixante-dix, bona-
> partistes, républicains, souvenez-
> vous de vos pères en 92. etc... »
> ....
> PAUL DE CASSAGNAC.
> — *Le Pays.* —

MORTS de Quatre-vingt-douze et de Quatre-vingt-
treize,*
Qui, pâles du baiser fort de la liberté,
Calmes, sous vos sabots, brisiez le joug qui pèse
Sur l'âme et sur le front de toute humanité;

Hommes extasiés et grands dans la tourmente,
Vous dont les cœurs sautaient d'amour sous les haillons,
Ô Soldats que la Mort a semés, noble Amante,
Pour les régénérer, dans tous les vieux sillons;

Vous dont le sang lavait toute grandeur salie,
Morts de Valmy, Morts de Fleurus, Morts d'Italie,
Ô million de Christs aux yeux sombres et doux;

Nous vous laissions dormir avec la République,
Nous, courbés sous les rois comme sous une trique.
— Messieurs de Cassagnac nous reparlent de vous!

Fait à Mazas, 3 septembre 1870.

LE MAL

TANDIS que les crachats rouges de la mitraille
Sifflent tout le jour par l'infini du ciel bleu;
Qu'écarlates ou verts**, près du Roi qui les raille,
Croulent les bataillons en masse dans le feu;

Tandis qu'une folie épouvantable broie
Et fait de cent milliers d'hommes un tas fumant ;
— Pauvres morts ! dans l'été, dans l'herbe, dans ta joie
Nature ! ô toi qui fis ces hommes saintement !... —

— Il est un Dieu, qui rit aux nappes damassées
Des autels, à l'encens, aux grands calices d'or ;
Qui dans le bercement des hosannah s'endort,

Et se réveille, quand des mères, ramassées
Dans l'angoisse, et pleurant sous leur vieux bonnet noir,
Lui donnent un gros sou lié dans leur mouchoir !

RAGES DE CÉSARS

L'HOMME pâle, le long des pelouses fleuries**,
Chemine, en habit noir, et le cigare aux dents :
L'Homme pâle repense aux fleurs des Tuileries
— Et parfois son œil terne a des regards ardents...

Car l'Empereur est soûl de ses vingt ans d'orgie !
Il s'était dit : « Je vais souffler la Liberté
Bien délicatement, ainsi qu'une bougie ! »
La liberté revit ! Il se sent éreinté !

Il est pris. — Oh ! quel nom sur ses lèvres muettes
Tressaille ? Quel regret implacable le mord ?
On ne le saura pas. L'Empereur a l'œil mort.

Il repense peut-être au Compère en lunettes***...
— Et regarde filer de son cigare en feu,

Comme aux soirs de Saint-Cloud****, un fin nuage bleu.

A*** Elle

RÊVÉ POUR L'HIVER

L'hiver, nous irons dans un petit wagon rose
      Avec des coussins bleus.
Nous serons bien. Un nid de baisers fous repose
      Dans chaque coin moelleux.

Tu fermeras l'œil, pour ne point voir, par la glace,
      Grimacer les ombres des soirs,
Ces monstruosités hargneuses, populace
      De démons noirs et de loups noirs.

Puis tu te sentiras la joue égratignée...
Un petit baiser, comme une folle araignée,
      Te courra par le cou...

Et tu me diras : « Cherche ! » en inclinant la tête,
— Et nous prendrons du temps à trouver cette bête
      — Qui voyage beaucoup...

En Wagon, le 7 octobre 70.

LE DORMEUR DU VAL

C'EST un trou de verdure où chante une rivière
Accrochant follement aux herbes des haillons

D'argent; où le soleil, de la montagne fière,
Luit : c'est un petit val qui mousse de rayons.

Un soldat jeune, bouche ouverte, tête nue,
Et la nuque baignant dans le frais cresson bleu,
Dort; il est étendu dans l'herbe, sous la nue,
Pâle dans son lit vert où la lumière pleut.

Les pieds dans les glaïeuls, il dort. Souriant comme
Sourirait un enfant malade, il fait un somme :
Nature, berce-le chaudement : il a froid.

Les parfums ne font pas frissonner sa narine;
Il dort dans le soleil, la main sur sa poitrine,
Tranquille. Il a deux trous rouges au côté droit.

Octobre 1870.

AU CABARET-VERT, cinq heures du soir

DEPUIS huit jours, j'avais déchiré mes bottines
Aux cailloux des chemins. J'entrais à Charleroi.
— Au Cabaret-Vert : je demandai des tartines
De beurre et du jambon qui fût à moitié froid.

Bienheureux, j'allongeai les jambes sous la table
Verte : je contemplai les sujets très naïfs
De la tapisserie. — Et ce fut adorable
Quand la fille aux tétons énormes, aux yeux vifs

— Celle-là, ce n'est pas un baiser qui l'épeure**!
— Rieuse, m'apporta des tartines de beurre.
Du jambon tiède, dans un plat colorié,

Du jambon rose et blanc parfumé d'une gousse
D'ail, — et m'emplit la chope immense, avec sa mousse
Que dorait un rayon de soleil arriéré.

Octobre 70.

LA MALINE

DANS la salle à manger brune, que parfumait
Une odeur de vernis et de fruits, à mon aise
Je ramassais un plat de je ne sais quel met
Belge, et je m'épatais dans mon immense chaise.

En mangeant, j'écoutais l'horloge, — heureux et coi.
La cuisine s'ouvrit avec une bouffée,
— Et la servante vint, je ne sais pas pourquoi,
Fichu moitié défait, malinement coiffée

Et, tout en promenant son petit doigt tremblant
Sur sa joue, un velours de pêche rose et blanc,
En faisant, de sa lèvre enfantine, une moue,

Elle arrangeait les plats, près de moi, pour m'aiser;
— Puis, comme ça, — bien sûr, pour avoir un baiser, —
Tout bas : « Sens donc : j'ai pris une froid sur la joue... »

Charleroi, octobre 70.

L'ÉCLATANTE VICTOIRE DE SARREBRUCK

REMPORTÉE AUX CRIS DE VIVE L'EMPEREUR !
GRAVURÉ BELGE
BRILLAMMENT COLORIÉE,
SE VEND CHARLEROI, 35 CENTIMES

Au milieu, l'Empereur, dans une apothéose
Bleue et jaune, s'en va, raide, sur son dada
Flamboyant ; très heureux, — car il voit tout en rose,
Féroce comme Zeus et doux comme un papa ;

En bas, les bons Pioupious qui faisaient la sieste
Près des tambours dorés et des rouges canons,
Se lèvent gentiment. Pitou remet sa veste,
Et, tourné vers le Chef, s'étourdit de grands noms !

A droite, Dumanet, appuyé sur la crosse
De son chassepot, sent frémir sa nuque en brosse,
Et : « Vive l'Empereur !!! » — Son voisin reste coi...

Un schako surgit, comme un soleil noir... — Au centre,
Boquillon** rouge et bleu, très naïf, sur son ventre
Se dresse, et, — présentant ses derrières — : « De
[quoi ?... »

Octobre 70.

LE BUFFET

C'est un large buffet sculpté ; le chêne sombre,
Très vieux, a pris cet air si bon des vieilles gens ;

Le buffet est ouvert, et verse dans son ombre
Comme un flot de vin vieux, des parfums engageants ;

Tout plein, c'est un fouillis de vieilles vieilleries,
De linges odorants et jaunes, de chiffons
De femmes ou d'enfants, de dentelles flétries,
De fichus de grand-mère où sont peints des griffons ;

— C'est là qu'on trouverait les médaillons, les mèches
De cheveux blancs ou blonds, les portraits, les fleurs
[sèches
Dont le parfum se mêle à des parfums de fruits.

— Ô buffet du vieux temps, tu sais bien des histoires,
Et tu voudrais conter tes contes, et tu bruis
Quand s'ouvrent lentement tes grandes portes noires.

Octobre 70.

MA BOHÈME

(Fantaisie)

Je m'en allais, les poings dans mes poches crevées ;
Mon paletot aussi devenait idéal ;
J'allais sous le ciel, Muse ! et j'étais ton féal ;
Oh ! là ! là ! que d'amours splendides j'ai rêvées !

Mon unique culotte avait un large trou.
— Petit-Poucet rêveur, j'égrenais dans ma course
Des rimes. Mon auberge était à la Grande-Ourse.
— Mes étoiles au ciel avaient un doux frou-frou

Et je les écoutais, assis au bord des routes,
Ces bons soirs de septembre où je sentais des gouttes
De rosée à mon front, comme un vin de vigueur ;

Où, rimant au milieu des ombres fantastiques,
Comme des lyres, je tirais les élastiques
De mes souliers blessés, un pied près de mon cœur !

LES ASSIS

Noirs de loupes, grêlés, les yeux cerclés de bagues
Vertes, leurs doigts boulus crispés à leurs fémurs,
Le sinciput plaqué de hargnosités vagues
Comme les floraisons lépreuses des vieux murs ;

Ils ont greffé dans des amours épileptiques
Leur fantasque ossature aux grands squelettes noirs
De leurs chaises ; leurs pieds aux barreaux rachitiques
S'entrelacent pour les matins et pour les soirs !

Ces vieillards ont toujours fait tresse avec leurs sièges,
Sentant les soleils vifs percaliser leur peau,
Ou, les yeux à la vitre où se fanent les neiges,
Tremblant du tremblement douloureux du crapaud.

Et les Sièges leur ont des bontés : culottée
De brun, la paille cède aux angles de leurs reins ;
L'âme des vieux soleils s'allume, emmaillotée
Dans ces tresses d'épis où fermentaient les grains.

Et les Assis, genoux aux dents, verts pianistes,
Les dix doigts sous leur siège aux rumeurs de tambour,

S'écoutent clapoter des barcarolles tristes,
Et leurs caboches vont dans des roulis d'amour.

— Oh! ne les faites pas lever! C'est le naufrage...
Ils surgissent, grondant comme des chats giflés,
Ouvrant lentement leurs omoplates, ô rage!
Tout leur pantalon bouffe à leurs reins boursouflés.

Et vous les écoutez, cognant leurs têtes chauves
Aux murs sombres, plaquant et plaquant leurs pieds
[tors,
Et leurs boutons d'habit sont des prunelles fauves
Qui vous accrochent l'œil du fond des corridors!

Puis ils ont une main invisible qui tue :
Au retour, leur regard filtre ce venin noir
Qui charge l'œil souffrant de la chienne battue,
Et vous suez, pris dans un atroce entonnoir.

Rassis, les poings noyés dans des manchettes sales,
Ils songent à ceux-là qui les ont fait lever
Et, de l'aurore au soir, des grappes d'amygdales
Sous leurs mentons chétifs s'agitent à crever.

Quand l'austère sommeil a baissé leurs visières,
Ils rêvent sur leur bras de sièges fécondés,
De vrais petits amours de chaises en lisière
Par lesquelles de fiers bureaux seront bordés;

Des fleurs d'encre crachant des pollens en virgule
Les bercent, le long des calices accroupis
Tels qu'au fil des glaïeuls le vol des libellules
— Et leur membre s'agace à des barbes d'épis.

TÊTE DE FAUNE

Dans la feuillée, écrin vert taché d'or,
Dans la feuillée incertaine et fleurie
De fleurs splendides où le baiser dort,
Vif et crevant l'exquise broderie,

Un faune effaré montre ses deux yeux
Et mord les fleurs rouges de ses dents blanches.
Brunie et sanglante ainsi qu'un vin vieux
Sa lèvre éclate en rires sous les branches.

Et quand il a fui — tel qu'un écureuil —
Son rire tremble encore à chaque feuille,
Et l'on voit épeuré par un bouvreuil
Baiser d'or du Bois, qui se recueille.

LES DOUANIERS

Ceux qui disent : Cré Nom, ceux qui disent macache,
Soldats, marins, débris d'Empire, retraités,
Sont nuls, très nuls, devant les Soldats des Traités**
Qui tailladent l'azur frontière à grands coups d'hache.
Pipe aux dents, lame en main, profonds, pas embêtés,
Quand l'ombre bave aux bois comme un mufle de vache,
Ils s'en vont, amenant leurs dogues à l'attache,
Exercer nuitamment leurs terribles gaîtés !

Ils signalent aux lois modernes les faunesses.
Ils empoignent les Fausts et les Diavolos.
« Pas de ça, les anciens ! Déposez les ballots ! »

Quand sa sérénité s'approche des jeunesses,
Le Douanier se tient aux appas contrôlés !
Enfer aux Délinquants que sa paume a frôlés !

ORAISON DU SOIR

JE vis assis, tel qu'un ange aux mains d'un barbier,
Empoignant une chope à fortes cannelures,
L'hypogastre et le col cambrés, une Gambier
Aux dents, sous l'air gonflé d'impalpables voilures.

Tels que les excréments chauds d'un vieux colombier,
Mille Rêves en moi font de douces brûlures :
Puis par instants mon cœur triste est comme un aubier
Qu'ensanglante l'or jeune et sombre des coulures.

Puis, quand j'ai ravalé mes rêves avec soin,
Je me tourne, ayant bu trente ou quarante chopes,
Et me recueille, pour lâcher l'âcre besoin :

Doux comme le Seigneur du cèdre et des hysopes,
Je pisse vers les cieux bruns, très haut et très loin,
Avec l'assentiment des grands héliotropes.

LE CŒUR VOLÉ

MON triste cœur bave à la poupe,
Mon cœur couvert de caporal :

Ils y lancent des jets de soupe,
Mon triste cœur bave à la poupe :
Sous les quolibets de la troupe
Qui pousse un rire général,
Mon triste cœur bave à la poupe,
Mon cœur couvert de caporal !

Ithyphalliques et pioupiesques,
Leurs quolibets l'ont dépravé !
Au gouvernail on voit des fresques
Ithyphalliques et pioupiesques.
Ô flots abracadabrantesques,
Prenez mon cœur, qu'il soit lavé !
Ithyphalliques et pioupiesques,
Leurs quolibets l'ont dépravé !

Quand ils auront tari leurs chiques,
Comment agir, ô cœur volé ?
Ce seront des hoquets bachiques
Quand ils auront tari leurs chiques :
J'aurai des sursauts stomachiques,
Moi, si mon cœur est ravalé :
Quand ils auront tari leurs chiques
Comment agir, ô cœur volé ?

Mai 1871.

CHANT DE GUERRE PARISIEN

Le Printemps est évident, car
Du cœur des Propriétés vertes,
Le vol de Thiers et de Picard
Tient ses splendeurs grandes ouvertes !

———

Ô Mai! quels délirants culs-nus!
Sèvres, Meudon, Bagneux, Asnières,
Écoutez donc les bienvenus
Semer les choses printanières!

———

Ils ont schako, sabre et tam-tam,
Non la vieille boîte à bougies,
Et des yoles qui n'ont jam, jam…
Fendent le lac aux eaux rougies!

———

Plus que jamais nous bambochons
Quand arrivent sur nos tanières**
Crouler les jaunes cabochons
Dans des aubes particulières!

———

Thiers et Picard sont des Éros***,
Des enleveurs d'héliotropes;
Au pétrole ils font des Corots :
Voici hannetonner leurs tropes…

———

Ils sont familiers du Grand Truc!…
Et couché dans les glaïeuls, Favre****
Fait son cillement aqueduc,
Et ses reniflements à poivre!

———

La grand'ville a le pavé chaud
Malgré vos douches de pétrole,
Et décidément, il nous faut
Vous secouer dans votre rôle…

———

Et les Ruraux* qui se prélassent
Dans de longs accroupissements,
Entendront des rameaux qui cassent
Parmi les rouges froissements !

MES PETITES AMOUREUSES

Un hydrolat lacrymal lave
    Les cieux vert-chou :
Sous l'arbre tendronnier qui bave,
    Vos caoutchoucs

———

Blancs de lunes particulières
    Aux pialats ronds,
Entrechoquez vos genouillères,
    Mes laiderons !

———

Nous nous aimions à cette époque,
    Bleu laideron !
On mangeait des œufs à la coque
    Et du mouron !

———

Un soir, tu me sacras poète,
    Blond laideron :
Descends ici, que je te fouette
    En mon giron ;

———

J'ai dégueulé ta bandoline**,
    Noir laideron ;

Tu couperais ma mandoline
    Au fil du front.

———

Pouah! mes salives desséchées,
    Roux laideron,
Infectent encor les tranchées
    De ton sein rond!

———

Ô mes petites amoureuses,
    Que je vous hais!
Plaquez de foufes*** douloureuses
    Vos tétons laids!

———

Piétinez mes vieilles terrines
    De sentiment;
— Hop doc! soyez-moi ballerines
    Pour un moment!...

———

Vos omoplates se déboîtent,
    Ô mes amours!
Une étoile à vos reins qui boitent
    Tournez vos tours!

———

Et c'est pourtant pour ces éclanches
    Que j'ai rimé!
Je voudrais vous casser les hanches
    D'avoir aimé!

———

Fade amas d'étoiles ratées,
    Comblez les coins!

— Vous crèverez en Dieu, Bâtées
    D'ignobles soins !

———

Sous les lunes particulières
    Aux pialats ronds
Entrechoquez vos genouillères
    Mes laiderons !

ACCROUPISSEMENTS

BIEN tard, quand il se sent l'estomac écœuré
Le frère Milotus, un œil à la lucarne
D'où le soleil, clair comme un chaudron récuré,
Lui darde une migraine et fait son regard darne**,
Déplace dans les draps son ventre de curé.

Il se démène sous sa couverture grise
Et descend, ses genoux à son ventre tremblant,
Effaré comme un vieux qui mangerait sa prise ;
Car il lui faut, le poing à l'anse d'un pot blanc
A ses reins largement retrousser sa chemise !

Or, il s'est accroupi, frileux, les doigts de pied
Repliés, grelottant au clair soleil qui plaque
Des jaunes de brioche aux vitres de papier ;
Et le nez du bonhomme où s'allume la laque
Renifle aux rayons, tel qu'un chamel polypier.

. . . .

Le bonhomme mijote au feu, bras tordus, lippe

Au Ventre : il sent glisser ses cuisses dans le feu,
Et ses chausses roussir, et s'éteindre sa pipe
Quelque chose comme un oiseau remue un peu
A son ventre serein comme un monceau de tripe !

Autour, dort un fouillis de meubles abrutis
Dans des haillons de crasse et sur de sales ventres ;
Des escabeaux, crapauds étranges, sont blottis
Aux coins noirs : des buffets ont des gueules de chantres
Qu'entr'ouvre un sommeil plein d'horribles appétits.

L'écœurante chaleur gorge la chambre étroite ;
Le cerveau du bonhomme est bourré de chiffons.
Il écoute les poils pousser dans sa peau moite,
Et, parfois, en hoquets fort gravement bouffons
S'échappe, secouant son escabeau qui boite...
. . . .

Et le soir, aux rayons de lune, qui lui font
Aux contours du cul des bavures de lumière,
Une ombre avec détails s'accroupit, sur un fond
De neige rose ainsi qu'une rose trémière...
Fantasque, un nez poursuit Vénus au ciel profond.

LES POÈTES DE SEPT ANS

A M. P. Demeny.

ET la Mère, fermant le livre du devoir**,
S'en allait satisfaite et très fière, sans voir,
Dans les yeux bleus et sous le front plein d'éminences,
L'âme de son enfant livrée aux répugnances.

Tout le jour il suait d'obéissance; très
Intelligent; pourtant des tics noirs, quelques traits,
Semblaient prouver en lui d'âcres hypocrisies.
Dans l'ombre des couloirs aux tentures moisies,
En passant il tirait la langue, les deux poings
À l'aine, et dans ses yeux fermés voyait des points.
Une porte s'ouvrait sur le soir : à la lampe
On le voyait, là-haut, qui râlait sur la rampe,
Sous un golfe de jour pendant du toit. L'été
Surtout, vaincu, stupide, il était entêté
À se renfermer dans la fraîcheur des latrines :
Il pensait là, tranquille et livrant ses narines.
Quand, lavé des odeurs du jour, le jardinet
Derrière la maison, en hiver, s'illunait,
Gisant au pied d'un mur, enterré dans la marne
Et pour des visions écrasant son œil darne***,
Il écoutait grouiller les galeux espaliers.
Pitié! Ces enfants seuls étaient ses familiers
Qui, chétifs, fronts nus, œil déteignant sur la joue,
Cachant de maigres doigts jaunes et noirs de boue
Sous des habits puant la foire et tout vieillots,
Conversaient avec la douceur des idiots!
Et si, l'ayant surpris à des pitiés immondes,
Sa mère s'effrayait; les tendresses, profondes,
De l'enfant se jetaient sur cet étonnement.
C'était bon. Elle avait le bleu regard, — qui ment!

A sept ans, il faisait des romans, sur la vie
Du grand désert, où luit la Liberté ravie,
Forêts, soleils, rives, savanes! — Il s'aidait
De journaux illustrés où, rouge, il regardait
Des Espagnoles rire et des Italiennes.
Quand venait, l'œil brun, folle, en robes d'indiennes,
— Huit ans, — la fille des ouvriers d'à côté,

La petite brutale, et qu'elle avait sauté,
Dans un coin, sur son dos, en secouant ses tresses,
Et qu'il était sous elle, il lui mordait les fesses,
Car elle ne portait jamais de pantalons;
— Et, par elle meurtri des poings et des talons,
Remportait les saveurs de sa peau dans sa chambre.

Il craignait les blafards dimanches de décembre,
Où, pommadé, sur un guéridon d'acajou,
Il lisait une Bible à la tranche vert-chou;
Des rêves l'oppressaient chaque nuit dans l'alcôve.
Il n'aimait pas Dieu; mais les hommes, qu'au soir fauve,
Noirs, en blouse, il voyait rentrer dans le faubourg
Où les crieurs, en trois roulements de tambour,
Font autour des édits rire et gronder les foules.
— Il rêvait la prairie amoureuse, où des houles
Lumineuses, parfums sains, pubescences d'or,
Font leur remuement calme et prennent leur essor!

Et comme il savourait surtout les sombres choses,
Quand, dans la chambre nue aux persiennes closes,
Haute et bleue, âcrement prise d'humidité,
Il lisait son roman sans cesse médité,
Plein de lourds ciels ocreux et de forêts noyées,
De fleurs de chair aux bois sidérals déployées,
Vertige, écroulements, déroutes et pitié!
— Tandis que se faisait la rumeur du quartier,
En bas, — seul, et couché sur des pièces de toile
Écrue, et pressentant violemment la voile!

26 mai 1871.

LES PAUVRES À L'ÉGLISE

PARQUÉS entre des bancs de chêne, aux coins d'église
Qu'attiédit puamment leur souffle, tous leurs yeux

Vers le chœur ruisselant d'orrie et la maîtrise
Aux vingt gueules gueulant les cantiques pieux;

Comme un parfum de pain humant l'odeur de cire,
Heureux, humiliés comme des chiens battus,
Les Pauvres au bon Dieu, le patron et le sire,
Tendent leurs oremus risibles et têtus.

Aux femmes, c'est bien bon de faire des bancs lisses,
Après les six jours noirs où Dieu les fait souffrir!
Elles bercent, tordus dans d'étranges pelisses,
Des espèces d'enfants qui pleurent à mourir.

Leurs seins crasseux dehors, ces mangeuses de soupe.
Une prière aux yeux et ne priant jamais,
Regardent parader mauvaisement un groupe
De gamines avec leurs chapeaux déformés.

Dehors le froid, la faim, l'homme en ribote*** :
C'est bon. Encore une heure; après, les maux sans
                                           [noms!
— Cependant, alentour, geint, nasille, chuchote
Une collection de vieilles à fanons :

Ces effarés y sont et ces épileptiques
Dont on se détournait hier aux carrefours;
Et, fringalant du nez dans des missels antiques,
Ces aveugles qu'un chien introduit dans les cours.

Et tous, bavant la foi mendiante et stupide,
Récitent la complainte infinie à Jésus
Qui rêve en haut, jauni par le vitrail livide,
Loin des maigres mauvais et des méchants pansus,

Loin des senteurs de viande et d'étoffes moisies,
Farce prostrée et sombre aux gestes repoussants ;
— Et l'oraison fleurit d'expressions choisies,
Et les mysticités prennent des tons pressants,

Quand, des nefs où périt le soleil, plis de soie
Banals, sourires verts, les Dames des quartiers
Distingués, — ô Jésus ! — les malades du foie
Font baiser leurs longs doigts jaunes aux bénitiers.

1871.

L'ORGIE PARISIENNE
OU
PARIS SE REPEUPLE

Ô LACHES, la voilà ! Dégorgez dans les gares !
Le soleil essuya de ses poumons ardents
Les boulevards qu'un soir comblèrent les Barbares**.
Voilà la Cité sainte, assise à l'occident !

Allez ! on préviendra les reflux d'incendie,
Voilà les quais, voilà les boulevards, voilà
Les maisons sur l'azur léger qui s'irradie
Et qu'un soir la rougeur des bombes étoila !

Cachez les palais morts dans des niches de planches !
L'ancien jour effaré rafraîchit vos regards.
Voici le troupeau roux des tordeuses de hanches :
Soyez fous, vous serez drôles, étant hagards !

Tas de chiennes en rut mangeant des cataplasmes,
Le cri des maisons d'or vous réclame. Volez !

Mangez! Voici la nuit de joie aux profonds spasmes
Qui descend dans la rue. Ô buveurs désolés,

Buvez! Quand la lumière arrive intense et folle,
Fouillant à vos côtés les luxes ruisselants,
Vous n'allez pas baver, sans geste, sans parole,
Dans vos verres, les yeux perdus aux lointains blancs?

Avalez, pour la Reine aux fesses cascadantes!
Écoutez l'action des stupides hoquets
Déchirants! Écoutez sauter aux nuits ardentes
Les idiots râleux, vieillards, pantins, laquais!

Ô cœurs de saleté, bouches épouvantables,
Fonctionnez plus fort, bouches de puanteurs!
Un vin pour ces torpeurs ignobles, sur ces tables...
Vos ventres sont fondus de hontes, ô Vainqueurs!

Ouvrez votre narine aux superbes nausées!
Trempez de poisons forts les cordes de vos cous!
Sur vos nuques d'enfants baissant ses mains croisées
Le Poète vous dit : « Ô lâches, soyez fous!

Parce que vous fouillez le ventre de la Femme,
Vous craignez d'elle encore une convulsion
Qui crie, asphyxiant votre nichée infâme
Sur sa poitrine, en une horrible pression.

Syphilitiques, fous, rois, pantins, ventriloques,
Qu'est-ce que ça peut faire à la putain Paris,
Vos âmes et vos corps, vos poisons et vos loques?
Elle se secouera de vous, hargneux pourris!

Et quand vous serez bas, geignant sur vos entrailles,
Les flancs morts, réclamant votre argent, éperdus,

La rouge courtisane aux seins gros de batailles
Loin de votre stupeur tordra ses poings ardus !

Quand tes pieds ont dansé si fort dans les colères,
Paris ! quand tu reçus tant de coups de couteau,
Quand tu gis, retenant dans tes prunelles claires
Un peu de la bonté du fauve renouveau,

Ô cité douloureuse, ô cité quasi morte,
La tête et les deux seins jetés vers l'Avenir
Ouvrant sur ta pâleur ses milliards de portes,
Cité que le Passé sombre pourrait bénir :

Corps remagnétisé pour les énormes peines,
Tu rebois donc la vie effroyable ! tu sens
Sourdre le flux des vers livides en tes veines,
Et sur ton clair amour rôder les doigts glaçants !

Et ce n'est pas mauvais. Les vers, les vers livides
Ne gêneront pas plus ton souffle de Progrès
Que les Stryx n'éteignaient l'œil des Cariatides
Où des pleurs d'or astral tombaient des bleus degrés. »

Quoique ce soit affreux de te revoir couverte
Ainsi ; quoiqu'on n'ait fait jamais d'une cité
Ulcère plus puant à la Nature verte
Le Poète te dit : « Splendide est ta Beauté ! »

L'orage t'a sacrée suprême poésie ;
L'immense remuement des forces te secourt ;
Ton œuvre bout, la mort gronde, Cité choisie !
Amasse les strideurs au cœur du clairon sourd***.

Le Poète prendra le sanglot des Infâmes,
La haine des Forcats, la clameur des Maudits ;

Et ses rayons d'amour flagelleront les Femmes.
Ses strophes bondiront : Voila! voila! bandits!

— Société, tout est rétabli : — les orgies
Pleurent leur ancien râle aux anciens lupanars :
Et les gaz en délire, aux murailles rougies,
Flambent sinistrement vers les azurs blafards!

Mai 1871.

LES MAINS DE JEANNE-MARIE

JEANNE-MARIE a des mains fortes,
Mains sombres que l'été tanna,
Mains pâles comme des mains mortes.
— Sont-ce des mains de Juana?

Ont-elles pris les crèmes brunes
Sur les mares des voluptés?
Ont-elles trempé dans des lunes
Aux étangs de sérénités?

Ont-elles bu des cieux barbares,
Calmes sur les genoux charmants?
Ont-elles roulé des cigares
Ou trafiqué des diamants?

Sur les pieds ardents des Madones
Ont-elles fané des fleurs d'or?
C'est le sang noir des belladones
Qui dans leur paume éclate et dort.

Mains chasseresses des diptères
Dont bombinent les bleuisons**
Aurorales, vers les nectaires?
Mains décanteuses de poisons?

Oh! quel Rêve les a saisies
Dans les pandiculations?
Un rêve inouï des Asies,
Des Khenghavars ou des Sions?

— Ces mains n'ont pas vendu d'oranges,
Ni bruni sur les pieds des dieux :
Ces mains n'ont pas lavé les langes
De lourds petits enfants sans yeux.

Ce ne sont pas mains de cousine
Ni d'ouvrières aux gros fronts
Que brûle, aux bois puant l'usine,
Un soleil ivre de goudrons.

Ce sont des ployeuses*** d'échines,
Des mains qui ne font jamais mal,
Plus fatales que des machines,
Plus fortes que tout un cheval!

Remuant comme des fournaises,
Et secouant tous ses frissons,
Leur chair chante des Marseillaises
Et jamais les Eleisons****!

Ça serrerait vos cous, ô femmes
Mauvaises, ça broierait vos mains,
Femmes nobles, vos mains infâmes
Pleines de blancs et de carmins.

L'éclat de ces mains amoureuses
Tourne le crâne des brebis!
Dans leurs phalanges savoureuses
Le grand soleil met un rubis!

Une tache de populace
Les brunit comme un sein d'hier ;
Le dos de ces Mains est la place
Qu'en baisa tout Révolté fier !

Elles ont pâli, merveilleuses,
Au grand soleil d'amour chargé,
Sur le bronze des mitrailleuses
A travers Paris insurgé !

Ah ! quelquefois, ô Mains sacrées,
A vos poings, Mains où tremblent nos
Lèvres jamais désenivrées,
Crie une chaîne aux clairs anneaux !

Et c'est un soubresaut étrange
Dans nos êtres, quand, quelquefois,
On veut vous déhâler, Mains d'ange,
En vous faisant saigner les doigts* !

LES SŒURS DE CHARITÉ

Le jeune homme dont l'œil est brillant, la peau brune,
Le beau corps de vingt ans qui devrait aller nu,
Et qu'eût, le front cerclé de cuivre, sous la lune
Adoré, dans la Perse un Génie inconnu,

Impétueux avec des douceurs virginales
Et noires, fier de ses premiers entêtements,
Pareil aux jeunes mers, pleurs de nuits estivales,
Qui se retournent sur des lits de diamants ;

Le jeune homme, devant les laideurs de ce monde
Tressaille dans son cœur largement irrité,
Et plein de la blessure éternelle et profonde,
Se prend à désirer sa sœur de charité.

Mais, ô Femme, monceau d'entrailles, pitié douce,
Tu n'es jamais la Sœur de charité, jamais,
Ni regard noir, ni ventre où dort une ombre rousse,
Ni doigts légers, ni seins splendidement formés.

Aveugle irréveillée aux immenses prunelles,
Tout notre embrassement n'est qu'une question :
C'est toi qui pends à nous, porteuse de mamelles,
Nous te berçons, charmante et grave Passion.

Tes haines, tes torpeurs fixes, tes défaillances,
Et les brutalités souffertes autrefois,
Tu nous rends tout, ô Nuit pourtant sans malveillances
Comme un excès de sang épanché tous les mois.

— Quand la femme, portée un instant, l'épouvante,
Amour, appel de vie et chanson d'action,
Viennent la Muse verte et la Justice ardente
Le déchirer de leur auguste obsession.

Ah ! sans cesse altéré des splendeurs et des calmes,
Délaissé des deux Sœurs implacables, geignant
Avec tendresse après la science aux bras almes,
Il porte à la nature en fleur son front saignant.

Mais la noire alchimie et les saintes études
Répugnent au blessé, sombre savant d'orgueil ;
Il sent marcher sur lui d'atroces solitudes.
Alors, et toujours beau, sans dégoût du cercueil,

Qu'il croie aux vastes fins, Rêves ou Promenades
Immenses, à travers les nuits de Vérité,

Et t'appelle en son âme et ses membres malades,
Ô Mon mystérieuse, ô sœur de charité !

Juin 1871.

LES CHERCHEUSES DE POUX

QUAND le front de l'enfant, plein de rouges tourmentes,
Implore l'essaim blanc des rêves indistincts,
Il vient près de son lit deux grandes sœurs charmantes
Avec de frêles doigts aux ongles argentins.

Elles assoient l'enfant devant une croisée
Grande ouverte où l'air bleu baigne un fouillis de fleurs,
Et dans ses lourds cheveux où tombe la rosée
Promènent leurs doigts fins, terribles et charmeurs.

Il écoute chanter leurs haleines craintives
Qui fleurent de longs miels végétaux et rosés,
Et qu'interrompt parfois un sifflement, salives
Reprises sur la lèvre ou désirs de baisers.

Il entend leurs cils noirs battant sous les silences
Parfumés ; et leurs doigts électriques et doux
Font crépiter parmi ses grises indolences
Sous leurs ongles royaux la mort des petits poux.

Voilà que monte en lui le vin de la Paresse,
Soupir d'harmonica qui pourrait délirer ;

L'enfant se sent, selon la lenteur des caresses,
Sourdre et mourir sans cesse un désir de pleurer.

LES PREMIÈRES COMMUNIONS

I

VRAIMENT, c'est bête, ces églises des villages
Où quinze laids marmots encrassant les piliers
Écoutent, grasseyant les divins babillages,
Un noir grotesque dont fermentent les souliers :
Mais le soleil éveille, a travers les feuillages,
Les vieilles couleurs des vitraux irréguliers.

La pierre sent toujours la terre maternelle.
Vous verrez des monceaux de ces cailloux terreux
Dans la campagne en rut qui frémit solennelle,
Portant près des blés lourds, dans les sentiers ocreux
Ces arbrisseaux brûlés où bleuit la prunelle,
Des nœuds de mûriers noirs et de rosiers fuireux**.

Tous les cent ans on rend ces granges respectables
Par un badigeon d'eau bleue et de lait caillé :
Si des mysticités grotesques sont notables
Près de la Notre-Dame ou du Saint empaillé,
Des mouches sentant bon l'auberge et les étables
Se gorgent de cire au plancher ensoleillé.

L'enfant se doit surtout à la maison, famille
Des soins naïfs, des bons travaux abrutissants;
Ils sortent, oubliant que la peau leur fourmille
Où le Prêtre du Christ plaqua ses doigts puissants.

On paie au Prêtre un toit ombré d'une charmille
Pour qu'il laisse au soleil tous ces fronts brunissants.

Le premier habit noir, le plus beau jour de tartes,
Sous le Napoléon ou le Petit Tambour
Quelque enluminure où les Josephs et les Marthes
Tirent la langue avec un excessif amour
Et que joindront, au jour de science, deux cartes,
Ces seuls doux souvenirs lui restent du grand jour.

Les filles vont toujours à l'église, contentes
De s'entendre appeler garces par les garçons
Qui font du genre après Messes ou vêpres chantantes.
Eux qui sont destinés au chic des garnisons,
Ils narguent au café les maisons importantes,
Blousés neuf, et gueulant d'effroyables chansons.

Cependant le Curé choisit pour les enfances
Des dessins; dans son dos, les vêpres dites, quand
L'air s'emplit du lointain nasillement des danses,
Il se sent, en dépit des célestes défenses,
Les doigts de pied ravis et le mollet marquant;
— La Nuit vient, noir pirate aux cieux d'or débarquant.

II

Le Prêtre a distingué parmi les catéchistes,
Congrégés des Faubourgs ou des Riches Quartiers,
Cette petite fille inconnue, aux yeux tristes,
Front jaune. Les parents semblent de doux portiers.
« Au grand Jour, le marquant parmi les Catéchistes,
Dieu fera sur ce front neiger ses bénitiers. »

III

La veille du grand Jour, l'enfant se fait malade.
Mieux qu'à l'église haute aux funèbres rumeurs,
D'abord le frisson vient, — le lit n'étant pas fade
— Un frisson surhumain qui retourne : « Je meurs... »

Et, comme un vol d'amour fait à ses sœurs stupides,
Elle compte, abattue et les mains sur son cœur,
Les Anges, les Jésus et ses Vierges nitides***
Et, calmement, son âme a bu tout son vainqueur.

Adonaï!... — Dans les terminaisons latines,
Des cieux moirés de vert baignent les Fronts vermeils,
Et, tachés du sang pur des célestes poitrines,
De grandes linges neigeux tombent sur les soleils!

— Pour ses virginités présentes et futures
Elle mord aux fraîcheurs de ta Rémission,
Mais plus que les lys d'eau, plus que les confitures,
Tes pardons sont glacés, ô Reine de Sion!

IV

Puis la Vierge n'est plus que la vierge du livre.
Les mystiques élans se cassent quelquefois...
Et vient la pauvreté des images, que cuivre
L'ennui, l'enluminure atroce et les vieux bois;

Des curiosités vaguement impudiques
Épouvantent le rêve aux chastes bleuités

Qui s'est surpris autour des célestes tuniques,
Du linge dont Jésus voile ses nudités.

Elle veut, elle veut, pourtant, l'âme en détresse,
Le front dans l'oreiller creusé par les cris sourds,
Prolonger les éclairs suprêmes de tendresse,
Et bave... — L'ombre emplit les maisons et les cours.

Et l'enfant ne peut plus. Elle s'agite, cambre
Les reins et d'une main ouvre le rideau bleu
Pour amener un peu la fraîcheur de la chambre
Sous le drap, vers son ventre et sa poitrine en feu...

V

A son réveil, — minuit, — la fenêtre était blanche.
Devant le sommeil bleu des rideaux illunés,
La vision la prit des candeurs du dimanche ;
Elle avait rêvé rouge. Elle saigna du nez,

Et se sentant bien chaste et pleine de faiblesse
Pour savourer en Dieu son amour revenant,
Elle eut soif de la nuit où s'exalte et s'abaisse
Le cœur, sous l'œil des cieux doux, en les devinant ;

De la nuit, Vierge-Mère impalpable, qui baigne
Tous les jeunes émois de ses silences gris ;
Elle eut soif de la nuit forte où le cœur qui saigne
Écoule sans témoin sa révolte sans cris.

Et faisant la victime et la petite épouse,
Son étoile la vit, une chandelle aux doigts,
Descendre dans la cour où séchait une blouse,
Spectre blanc, et lever les spectres noirs des toits.

VI

Elle passa sa nuit sainte dans les latrines.
Vers la chandelle, aux trous du toit coulait l'air blanc,
Et quelque vigne folle aux noirceurs purpurines,
En deçà d'une cour voisine s'écroulant.

La lucarne faisait un cœur de lueur vive
Dans la cour où les cieux bas plaquaient d'ors vermeils
Les vitres; les pavés puant l'eau de lessive
Soufraient**** l'ombre des murs bondés de noirs
                                        [sommeils
. . . .

VII

Qui dira ces langueurs et ces pitiés immondes,
Et ce qu'il lui viendra de haine, ô sales fous,
Dont le travail divin déforme encor les mondes,
Quand la lèpre à la fin mangera ce corps doux?
. . . .

VIII

Et quand, ayant rentré tous ses nœuds d'hystéries,
Elle verra, sous les tristesses du bonheur,
L'amant rêver au blanc million des Maries,
Au matin de la nuit d'amour, avec douleur :

« Sais-tu que je t'ai fait mourir? J'ai pris ta bouche,
Ton cœur, tout ce qu'on a, tout ce que vous avez;

Et moi, je suis malade : Oh! je veux qu'on me couche
Parmi les Morts des eaux nocturnes abreuvés!

« J'étais bien jeune, et Christ a souillé mes haleines.
Il me bonda jusqu'à la gorge de dégoûts!
Tu baisais mes cheveux profonds comme des laines,
Et je me laissais faire... ah! va, c'est bon pour vous,

« Hommes! qui songez peu que la plus amoureuse
Est, sous sa conscience aux ignobles terreurs,
La plus prostituée et la plus douloureuse,
Et que tous nos élans vers vous sont des erreurs!

« Car ma Communion première est bien passée.
Tes baisers, je ne puis jamais les avoir sus :
Et mon cœur et ma chair par ta chair embrassée
Fourmillent du baiser putride de Jésus! »

IX

Alors l'âme pourrie et l'âme désolée
Sentiront ruisseler tes malédictions.
— Ils auront couché sur ta Haine inviolée;
Échappés, pour la mort, des justes passions,

Christ! ô Christ, éternel voleur des énergies,
Dieu qui pour deux mille ans vouas à ta pâleur,
Cloués au sol, de honte et de céphalalgies,
Ou renversés, les fronts des femmes de douleur.

Juillet 1871.

LE JUSTE RESTAIT DROIT...

LE Juste restait droit sur ses hanches solides :
Un rayon lui dorait l'épaule; des sueurs

Me prirent : « Tu veux voir rutiler les bolides ?
Et, debout, écouter bourdonner les flueurs
D'astres lactés, et les essaims d'astéroïdes ?

« Par des farces de nuit ton front est épié,
Ô juste ! Il faut gagner un toit. Dis ta prière,
La bouche dans ton drap doucement expié ;
Et si quelque égaré choque ton ostiaire,
Dis : Frère, va plus loin, je suis estropié ! »

Et le Juste restait debout, dans l'épouvante
Bleuâtre des gazons après le soleil mort :
« Alors, mettrais-tu tes genouillères en vente,
Ô Vieillard ? Pèlerin sacré ! Barde d'Armor !
Pleureur des Oliviers ! Main que la pitié gante !

« Barbe de la famille et poing de la cité,
Croyant très doux : ô cœur tombé dans les calices,
Majestés et vertus, amour et cécité,
Juste ! plus bête et plus dégoûtant que les lices** !
Je suis celui qui souffre et qui s'est révolté !

« Et ça me fait pleurer sur mon ventre, ô stupide,
Et bien rire, l'espoir fameux de ton pardon !
Je suis maudit, tu sais ! je suis soûl, fou, livide,
Ce que tu veux ! Mais va te coucher, voyons donc,
Juste ! Je ne veux rien à ton cerveau torpide.

« C'est toi le Juste, enfin, le Juste !
C'est assez !
C'est vrai que ta tendresse et ta raison sereines
Reniflent dans la nuit comme des cétacés,
Que tu te fais proscrire et dégoises des thrènes***
Sur d'effroyables becs-de-cane fracassés !

« Et c'est toi l'œil de Dieu! le lâche!
Quand les plantes
Froides des pieds divins passeraient sur mon cou,
Tu es lâche! Ô ton front qui fourmille de lentes!
Socrates et Jésus, Saints et Justes, dégoût!
Respectez le Maudit suprême aux nuits sanglantes! »

J'avais crié cela sur la terre, et la nuit
Calme et blanche occupait les cieux pendant ma fièvre.
Je relevai mon front : le fantôme avait fui,
Emportant l'ironie atroce de ma lèvre...
— Vents nocturnes, venez au Maudit! Parlez-lui,
Cependant que silencieux sous les pilastres
D'azur, allongeant les comètes et les nœuds
D'univers, remuement énorme sans désastres
L'Ordre, éternel veilleur, rame aux cieux lumineux
Et de sa drague en feu laisse filer les astres!

Ah! qu'il s'en aille, lui, la gorge cravatée
De honte, ruminant toujours mon ennui, doux
Comme le sucre sur la denture gâtée
— Tel que la chienne après l'assaut des fiers toutous,
Léchant son flanc d'où part une entraille emportée.
Qu'il dise charités crasseuses et progrès...
— J'exècre tous ces yeux de Chinois à bedaines,
Puis qui chante : nana, comme un tas d'enfants près
De mourir, idiots doux aux chansons soudaines :
Ô Justes, nous chierons dans vos ventres de grès!

A Monsieur Théodore de Banville

CE QU'ON DIT AU POÈTE
A PROPOS DE FLEURS

I

AINSI, toujours, vers l'azur noir
Où tremble la mer des topazes,
Fonctionneront dans ton soir
Les Lys**, ces clystères d'extases !

A notre époque de sagous,
Quand les Plantes sont travailleuses,
Le Lys boira les bleus dégoûts
Dans tes Proses religieuses !

— Le lys de monsieur de Kerdrel***,
Le Sonnet de mil huit cent trente,
Le Lys qu'on donne au Ménestrel
Avec l'œillet et l'amarante !

Des lys ! Des lys ! On n'en voit pas !
Et dans ton Vers, tel que les manches
Des Pécheresses aux doux pas,
Toujours frissonnent ces fleurs blanches !

Toujours, Cher, quand tu prends un bain,
Ta Chemise aux aisselles blondes
Se gonfle aux brises du matin
Sur les myosotis immondes !

L'amour ne passe à tes octrois
Que les Lilas, — ô balançoires !

Et les Violettes du Bois*
Crachats sucrés des Nymphes noires!...

II

Ô Poètes, quand vous auriez
Les Roses, les Roses soufflées,
Rouges sur tiges de lauriers,
Et de mille octaves enflées!

Quand BANVILLE en ferait neiger,
Sanguinolentes, tournoyantes,
Pochant l'œil fou de l'étranger
Aux lectures mal bienveillantes!

De vos forêts et de vos prés,
Ô très paisibles photographes!
La Flore est diverse à peu près
Comme des bouchons de carafes!

Toujours les végétaux Français,
Hargneux, phtisiques, ridicules,
Où le ventre des chiens bassets
Navigue en paix, aux crépuscules;

Toujours, après d'affreux dessins
De Lotos bleus ou d'Hélianthes**,
Estampes roses, sujets saints
Pour de jeunes communiantes!

L'Ode Açoka cadre avec la
Strophe en fenêtre de lorette;
Et de lourds papillons d'éclat
Fientent sur la Pâquerette

Vieilles verdures, vieux galons !
Ô croquignoles végétales !
Fleurs fantasques des vieux Salons !
— Aux hannetons, pas aux crotales

Ces poupards végétaux en pleurs
Que Grandville* eût mis aux lisières,
Et qu'allaitèrent de couleurs
De méchants astres à visières !

Oui, vos bavures de pipeaux
Font de précieuses glucoses !
— Tas d'œufs frits dans de vieux chapeaux,
Lys, Açokas, Lilas et Roses !...

III

Ô blanc Chasseur, qui cours sans bas
A travers le Pâtis panique,
Ne peux-tu pas, ne dois-tu pas
Connaître un peu ta botanique ?

Tu ferais succéder, je crains,
Aux Grillons roux les Cantharides,
L'or des Rios au bleu des Rhins, —
Bref, aux Norwèges les Florides** :

Mais, Cher, l'Art n'est plus, maintenant,
— C'est la vérité, — de permettre
A l'Eucalyptus étonnant
Des constrictors d'un hexamètre ;

Là!... Comme si les Acajous
Ne servaient, même en nos Guyanes,
Qu'aux cascades des sapajous,
Au lourd délire des lianes!

— En somme, une Fleur, Romarin
Ou Lys, vive ou morte, vaut-elle
Un excrément d'oiseau marin?
Vaut-elle un seul pleur de chandelle?

— Et j'ai dit ce que je voulais!
Toi, même assis là-bas, dans une
Cabane de bambous, — volets
Clos, tentures de perse brune, —

Tu torcherais des floraisons
Dignes d'Oises extravagantes!...
— Poète! ce sont des raisons
Non moins risibles qu'arrogantes!...

IV

Dis, non les pampas printaniers
Noirs d'épouvantables révoltes,
Mais les tabacs, les cotonniers!
Dis les exotiques récoltes!

Dis, front blanc que Phébus tanna,
De combien de dollars se rente
Pedro Velasquez, Habana;
Incague la mer de Sorrente

Où vont les Cygnes par milliers;
Que tes strophes soient des réclames

Pour l'abatis des mangliers
Fouillés des hydres et des lames!

Ton quatrain plonge aux bois sanglants
Et revient proposer aux Hommes
Divers sujets de sucres blancs
De pectoraires et de gommes!

Sachons par Toi si les blondeurs
Des Pics neigeux, vers les Tropiques,
Sont ou des insectes pondeurs
Ou des lichens microscopiques!

Trouve, ô Chasseur, nous le voulons,
Quelques garances parfumées
Que la Nature en pantalons
Fasse éclore! — pour nos Armées*!

Trouve, aux abords du Bois qui dort
Les fleurs, pareilles à des mufles,
D'ou bavent des pommades d'or
Sur les cheveux sombres des Buffles!

Trouve, aux prés fous, ou sur le Bleu
Tremble l'argent des pubescences,
Des calices pleins d'Œufs de feu
Qui cuisent parmi les essences!

Trouve des Chardons cotonneux
Dont dix ânes aux yeux de braises
Travaillent à filer les nœuds!
Trouve des Fleurs qui soient des chaises!

Oui, trouve au cœur des noirs filons
Des fleurs presque pierres, — fameuses! —

Qui vers leurs durs ovaires blonds
Aient des amygdales gemmeuses!

Sers-nous, ô Farceur, tu le peux,
Sur un plat de vermeil splendide
Des ragoûts de Lys sirupeux
Mordant nos cuillers Alfénide!

V

Quelqu'un dira le grand Amour,
Voleur des sombres Indulgences :
Mais ni Renan, ni le chat Murr
N'ont vu les Bleus Thyrses immenses!

Toi, fais jouer dans nos torpeurs
Par les parfums les hystéries;
Exalte-nous vers des candeurs
Plus candides que les Maries...

Commerçant! colon! médium!
Ta Rime sourdra, rose ou blanche
Comme un rayon de sodium,
Comme un caoutchouc qui s'épanche!

De tes noirs Poèmes, — Jongleur!
Blancs, verts, et rouges dioptriques,
Que s'évadent d'étranges fleurs
Et des papillons électriques!

Voilà! c'est le Siècle d'enfer!
Et les poteaux télégraphiques
Vont orner, — lyre aux chants de fer,
Tes omoplates magnifiques!

Surtout, rime une version
Sur le mal des pommes de terre!
— Et, pour la composition
De poèmes pleins de mystère

Qu'on doive lire de Tréguier.
A Paramaribo*, rachète
Des Tomes de Monsieur Figuier,
— Illustrés! — chez Monsieur Hachette!

ALCIDE BAVA
A. R.
14 juillet 1871.

LE BATEAU IVRE

COMME je descendais des Fleuves impassibles,
Je ne me sentis plus guidé par les haleurs :
Des Peaux-Rouges criards les avaient pris pour cibles,
Les ayant cloués nus aux poteaux de couleurs.

J'étais insoucieux de tous les équipages,
Porteur de blés flamands ou de cotons anglais.
Quand avec mes haleurs ont fini ces tapages,
Les Fleuves m'ont laissé descendre où je voulais.

Dans les clapotements furieux des marées, d'enfants,
Moi, l'autre hiver**, plus sourd que les cerveaux
Je courus! Et les Péninsules démarrées
N'ont pas subi tohu-bohus plus triomphants.

La tempête a béni mes éveils maritimes.
Plus léger qu'un bouchon j'ai dansé sur les flots!

Qu'on appelle rouleurs éternels de victimes,
Dix nuits, sans regretter l'œil niais des falots*** !

Plus douce qu'aux enfants la chair des pommes sures,
L'eau verte pénétra ma coque de sapin
Et des taches de vins bleus et de vomissures
Me lava, dispersant gouvernail et grappin.

Et dès lors, je me suis baigné dans le Poème
De la Mer, infusé d'astres, et lactescent,
Dévorant les azurs verts; où, flottaison blême
Et ravie, un noyé pensif parfois descend;

Où, teignant tout à coup les bleuités, délires
Et rhythmes lents sous les rutilements du jour,
Plus fortes que l'alcool, plus vastes que nos lyres,
Fermentent les rousseurs amères de l'amour !

Je sais les cieux crevant en éclairs, et les trombes
Et les ressacs et les courants : je sais le soir,
L'Aube exaltée ainsi qu'un peuple de colombes,
Et j'ai vu quelquefois ce que l'homme a cru voir !

J'ai vu le soleil bas, taché d'horreurs mystiques,
Illuminant de longs figements violets,
Pareils à des acteurs de drames très antiques
Les flots roulant au loin leurs frissons de volets !

J'ai rêvé la nuit verte aux neiges éblouies,
Baiser montant aux yeux des mers avec lenteurs,
La circulation des sèves inouïes,
Et l'éveil jaune et bleu des phosphores chanteurs !

J'ai suivi, des mois pleins, pareille aux vacheries
Hystériques, la houle à l'assaut des récifs,

Sans songer que les pieds lumineux des Maries
Pussent forcer le mufle aux Océans poussifs!

J'ai heurté, savez-vous, d'incroyables Florides
Mêlant aux fleurs des yeux de panthères à peaux
D'hommes! Des arcs-en-ciel tendus comme des brides
Sous l'horizon des mers, à de glauques troupeaux!

J'ai vu fermenter les marais énormes, nasses
Où pourrit dans les joncs tout un Léviathan!
Des écroulements d'eaux au milieu des bonaces*,
Et les lointains vers les gouffres cataractant!

Glaciers, soleils d'argent, flots nacreux, cieux de
[braises!
Échouages hideux au fond des golfes bruns
Où les serpents géants dévorés des punaises
Choient, des arbres tordus, avec de noirs parfums!

J'aurais voulu montrer aux enfants ces dorades
Du flot bleu, ces poissons d'or, ces poissons chantants.
— Des écumes de fleurs ont bercé mes dérades
Et d'ineffables vents m'ont ailé par instants.

Parfois, martyr lassé des pôles et des zones,
La mer dont le sanglot faisait mon roulis doux
Montait vers moi ses fleurs d'ombre aux ventouses
[jaunes
Et je restais, ainsi qu'une femme à genoux...

Presque île, ballottant sur mes bords les querelles
Et les fientes d'oiseaux clabaudeurs aux yeux blonds.
Et je voguais, lorsqu'à travers mes liens frêles
Des noyés descendaient dormir, à reculons!

Or moi, bateau perdu sous les cheveux des anses,
Jeté par l'ouragan dans l'éther sans oiseau,
Moi dont les Monitors et les voiliers des Hanses
N'auraient pas repêché la carcasse ivre d'eau ;

Libre, fumant, monté de brumes violettes,
Moi qui trouais le ciel rougeoyant comme un mur
Qui porte, confiture exquise aux bons poètes,
Des lichens de soleil et des morves d'azur ;

Qui courait, taché de lunules électriques,
Planche folle, escorté des hippocampes noirs,
Quand les juillets faisaient crouler à coups de triques
Les cieux ultramarins aux ardents entonnoirs ;

Moi qui tremblais, sentant geindre à cinquante lieues
Le rut des Béhémots et les Maelstroms épais,
Fileur éternel des immobilités bleues,
Je regrette l'Europe aux anciens parapets !

J'ai vu des archipels sidéraux ! et des îles
Dont les cieux délirants sont ouverts au vogueur :
— Est-ce en ces nuits sans fonds que tu dors et t'exiles,
Million d'oiseaux d'or, ô future Vigueur* ?

Mais, vrai, j'ai trop pleuré ! Les Aubes sont navrantes.
Toute lune est atroce et tout soleil amer :
L'âcre amour m'a gonflé de torpeurs enivrantes.
Ô que ma quille éclate ! Ô que j'aille à la mer !

Si je désire une eau d'Europe, c'est la flache*
Noire et humide où vers le crépuscule embaumé
Un enfant accroupi plein de tristesse, lâche
Un bateau frêle comme un papillon de mai.

Je ne puis plus, baigné de vos langueurs, ô lames,
Enlever leur sillage aux porteurs de cotons
Ni traverser l'orgueil des drapeaux et des flammes,
Ni nager sous les yeux horribles des pontons**.

VOYELLES

A NOIR, E blanc, I rouge, U vert, O bleu : voyelles,
Je dirai quelque jour vos naissances latentes :
A, noir corset velu des mouches éclatantes
Qui bombinent autour des puanteurs cruelles,

Golfes d'ombre ; E, candeurs des vapeurs et des tentes,
Lances des glaciers fiers, rois blancs, frissons d'ombelles ;
I, pourpres, sang craché, rire des lèvres belles
Dans la colère ou les ivresses pénitentes ;

U, cycles, vibrements divins des mers virides,
Paix des pâtis semés d'animaux, paix des rides
Que l'alchimie imprime aux grands fronts studieux ;

O, suprême Clairon plein des strideurs étranges,
Silences traversés des Mondes et des Anges :
— O l'Oméga, rayon violet de Ses Yeux !

L'ÉTOILE A PLEURÉ ROSE...

L'ÉTOILE a pleuré rose au cœur de tes oreilles,
L'infini roulé blanc de ta nuque à tes reins
La mer a perlé rousse à tes mammes vermeilles
Et l'Homme saigné noir à ton flanc souverain.

LES CORBEAUX

Seigneur, quand froide est la prairie,
Quand, dans les hameaux abattus,
Les longs angélus se sont tus...
Sur la nature défleurie
Faites s'abattre des grands cieux
Les chers corbeaux délicieux,

Armée étrange aux cris sévères,
Les vents froids attaquent vos nids !
Vous, le long des fleuves jaunis,
Sur les routes aux vieux calcaires,
Sur les fossés et sur les trous
Dispersez-vous, ralliez-vous !

Par milliers, sur les champs de France,
Où dorment des morts d'avant-hier,
Tournoyez, n'est-ce pas, l'hiver,
Pour que chaque passant repense !
Sois donc le crieur du devoir,
Ô notre funèbre oiseau noir !

Mais, saints du ciel, en haut du chêne,
Mât perdu dans le soir charmé,
Laissez les fauvettes de mai
Pour ceux qu'au fond du bois enchaîne,
Dans l'herbe d'où l'on ne peut fuir,
La défaite sans avenir.

DERNIERS VERS

MÉMOIRE

I

L'EAU claire; comme le sel des larmes d'enfance,
L'assaut au soleil des blancheurs des corps de femmes;
la soie, en foule et de lys pur, des oriflammes
sous les murs dont quelque pucelle eut la défense;

l'ébat des anges; — Non... le courant d'or en marche,
meut ses bras, noirs, et lourds, et frais surtout, d'herbe.
Elle sombre, ayant le Ciel bleu pour ciel-de-lit,
appelle pour rideaux l'ombre de la colline et de l'arche.

II

Eh! l'humide carreau tend ses bouillons limpides!
L'eau meuble d'or pâle et sans fond les couches prêtes.
Les robes vertes et déteintes des fillettes
font les saules, d'où sautent les oiseaux sans brides.

Plus pure qu'un louis, jaune et chaude paupière
le souci d'eau — ta foi conjugale, ô l'Épouse! —
au midi prompt, de ton terne miroir, jalouse
au ciel gris de chaleur la Sphère rose et chère.

III

Madame se tient trop debout dans la prairie
prochaine où neigent les fils du travail; l'ombrelle
aux doigts; foulant l'ombelle; trop fière pour elle;
des enfants lisant dans la verdure fleurie

leur livre de maroquin rouge! Hélas, Lui, comme
mille anges blancs qui se séparent sur la route,
s'éloigne par delà la montagne! Elle, toute
froide, et noire, court! après le départ de l'homme!

IV

Regret des bras épais et jeunes d'herbe pure!
Or des lunes d'avril au cœur du saint lit! Joie
des chantiers riverains à l'abandon, en proie
aux soirs d'août qui faisaient germer ces pourritures!

Qu'elle pleure à présent sous les remparts! l'haleine
des peupliers d'en haut est pour la seule brise.
Puis, c'est la nappe, sans reflets, sans source, grise :
un vieux, dragueur, dans sa barque immobile, peine.

V

Jouet de cet œil d'eau morne, je n'y puis prendre,
ô canot immobile! oh! bras trop courts! ni l'une

ni l'autre fleur : ni la jaune qui m'importune,
là ; ni la bleue, amie à l'eau couleur de cendre.

Ah ! la poudre des saules qu'une aile secoue !
Les roses des roseaux dès longtemps dévorées !
Mon canot, toujours fixe** ; et sa chaîne tirée
Au fond de cet œil d'eau sans bords, — à quelle boue ?

MICHEL ET CHRISTINE

ZUT alors, si le soleil quitte ces bords !
Fuis, clair déluge ! Voici l'ombre des routes.
Dans les saules, dans la vieille cour d'honneur,
L'orage d'abord jette ses larges gouttes.

Ô cent agneaux, de l'idylle soldats blonds,
Des aqueducs, des bruyères amaigries,
Fuyez ! plaine, déserts, prairie, horizons
Sont à la toilette rouge de l'orage !

Chien noir, brun pasteur dont le manteau s'engouffre,
Fuyez l'heure des éclairs supérieurs ;
Blond troupeau, quand voici nager ombre et soufre,
Tâchez de descendre à des retraits meilleurs.

Mais moi, Seigneur ! voici que mon esprit vole,
Après les cieux glacés de rouge, sous les
Nuages célestes qui courent et volent
Sur cent Solognes longues comme un railway.

Voilà mille loups, mille graines sauvages
Qu'emporte, non sans aimer les liserons,

Derniers vers

Cette religieuse après-midi d'orage
Sur l'Europe ancienne où cent hordes iront!

Après, le clair de lune! partout la lande,
Rougis et leurs fronts** aux cieux noirs, les guerriers
Chevauchent lentement leurs pâles coursiers!
Les cailloux sonnent sous cette fière bande!

— Et verrai-je le bois jaune et le val clair,
L'Épouse aux yeux bleus, l'homme au front rouge, — ô Gaule,
           [ô Gaule,
Et le blanc Agneau Pascal, à leurs pieds chers,
Michel et Christine, — et Christ! — fin de l'Idylle.

LARME

Loin des oiseaux, des troupeaux, des villageoises,
Je buvais, accroupi dans quelque bruyère
Entourée de tendres bois de noisetiers,
Par un brouillard d'après-midi tiède et vert.

Que pouvais-je boire dans cette jeune Oise,
Ormeaux sans voix, gazon sans fleurs, ciel couvert.
Que tirais-je à la gourde de colocase?
Quelque liqueur d'or, fade et qui fait suer.

Tel, j'eusse été mauvaise enseigne d'auberge.
Puis l'orage changea le ciel, jusqu'au soir.
Ce furent des pays noirs, des lacs, des perches,
Des colonnades sous la nuit bleue, des gares.

L'eau des bois se perdait sur des sables vierges,
Le vent, du ciel, jetait des glaçons aux mares...

Or ! tel qu'un pêcheur d'or ou de coquillages,
Dire que je n'ai pas eu souci de boire !

Mai 1872.

LA RIVIÈRE DE CASSIS

La Rivière de Cassis roule ignorée
    En des vaux étranges :
La voix de cent corbeaux l'accompagne, vraie
    Et bonne voix d'anges :
Avec les grands mouvements des sapinaies
    Quand plusieurs vents plongent.

Tout roule avec des mystères révoltants
    De campagnes d'anciens temps ;
De donjons visités, de parcs importants :
    C'est en ces bords qu'on entend
Les passions mortes de chevaliers errants :
    Mais que salubre est le vent !

Que le piéton regarde à ces claires-voies :
    Il ira plus courageux.
Soldats des forêts que le Seigneur envoie,
    Chers corbeaux délicieux !
Faites fuir d'ici le paysan matois
    Qui trinque d'un moignon vieux.

Mai 1872.

COMÉDIE DE LA SOIF

1. LES PARENTS

Nous sommes tes Grands-Parents,
    Les Grands !

Couverts des froides sueurs
De la lune et des verdures.
Nos vins secs avaient du cœur!
Au soleil sans imposture
Que faut-il à l'homme? boire.

MOI — Mourir aux fleuves barbares.

Nous sommes tes Grands-Parents
    Des champs.
L'eau est au fond des osiers :
Vois le courant du fossé
Autour du château mouille.
Descendons en nos celliers;
Après, le cidre et le lait.

MOI — Aller où boivent les vaches.

Nous sommes tes Grands-Parents;
    Tiens, prends
Les liqueurs dans nos armoires;
Le Thé, le Café, si rares
Frémissent dans les bouilloires.
— Vois les images, les fleurs.
Nous rentrons du cimetière.

MOI — Ah! tarir toutes les urnes!

2. L'ESPRIT

Éternelles Ondines,
    Divisez l'eau fine.

Vénus, sœur de l'azur,
Émeus le flot pur.

Juifs errants de Norwège,
Dites-moi la neige.
Anciens exilés chers,
Dites-moi la mer.

MOI — Non, plus ces boissons pures,
Ces fleurs d'eau pour verres;
Légendes ni figures
Ne me désaltèrent;
Chansonnier, ta filleule
C'est ma soif si folle
Hydre intime sans gueules
Qui mine et désole.

3. LES AMIS

Viens, les Vins vont aux plages,
Et les flots par millions!
Vois le Bitter sauvage
Rouler du haut des monts!

Gagnons, pèlerins sages,
L'Absinthe aux verts piliers...

MOI — Plus ces paysages.
Qu'est l'ivresse, Amis?

J'aime autant, mieux, même,
Pourrir dans l'étang,
Sous l'affreuse crème,
Près des bois flottants.

4. LE PAUVRE SONGE

Peut-être un Soir m'attend
Où je boirai tranquille
En quelque vieille Ville,
Et mourrai plus content :
Puisque je suis patient !

Si mon mal se résigne,
Si j'ai jamais quelque or,
Choisirai-je le Nord
Ou le Pays des Vignes ?...
— Ah ! songer est indigne

Puisque c'est pure perte !
Et si je redeviens
Le voyageur ancien,
Jamais l'auberge verte
Ne peut bien m'être ouverte.

5. CONCLUSION

Les pigeons qui tremblent dans la prairie,
Le gibier, qui court et qui voit la nuit,
Les bêtes des eaux, la bête asservie,
Les derniers papillons !... ont soif aussi.

Mais fondre où fond ce nuage sans guide,
— Oh ! favorisé de ce qui est frais !

Expirer en ces violettes humides
Dont les aurores chargent ces forêts ?

Mai 1872.

BONNE PENSÉE DU MATIN

A QUATRE heures du matin, l'été,
Le Sommeil d'amour dure encore.
Sous les bosquets l'aube évapore
    L'odeur du soir fêté.

Mais là-bas dans l'immense chantier
Vers le soleil des Hespérides,
En bras de chemise, les charpentiers
    Déjà s'agitent.

Dans leur désert de mousse, tranquilles,
Ils préparent les lambris précieux
Où la richesse de la ville
    Rira sous de faux cieux.

Ah ! pour ces Ouvriers charmants
Sujets d'un roi de Babylone,
Vénus ! laisse un peu les Amants,
    Dont l'âme est en couronne.

    Ô Reine des Bergers !
Porte aux travailleurs l'eau-de-vie,
Pour que leurs forces soient en paix
En attendant le bain dans la mer, à midi.

Mai 1872.

FÊTES DE LA PATIENCE

1. BANNIÈRES DE MAI.
2. CHANSON DE LA PLUS HAUTE TOUR.
3. ÉTERNITÉ.
4. ÂGE D'OR.

BANNIÈRE DE MAI

Aux branches claires des tilleuls
Meurt un maladif hallali.
Mais des chansons spirituelles
Voltigent parmi les groseilles.
Que notre sang rie en nos veines,
Voici s'enchevêtrer les vignes.
Le ciel est joli comme un ange,
L'azur et l'onde communient.
Je sors. Si un rayon me blesse
Je succomberai sur la mousse.
Qu'on patiente et qu'on s'ennuie
C'est trop simple. Fi de mes peines.
Je veux que l'été dramatique
Me lie à son char de fortune.
Que par toi beaucoup, ô Nature,
— Ah! moins seul et moins nul! — je meure
Au lieu que les Bergers, c'est drôle,
Meurent à peu près par le monde.

Je veux bien que les saisons m'usent.
A toi, Nature, je me rends;

Et ma faim et toute ma soif.
Et, s'il te plaît, nourris, abreuve.
Rien de rien ne m'illusionne ;
C'est rire aux parents, qu'au soleil,
Mais moi je ne veux rire à rien ;
Et libre soit cette infortune.

Mai 1872.

CHANSON DE LA PLUS HAUTE TOUR

OISIVE jeunesse
A tout asservie,
Par délicatesse
J'ai perdu ma vie.
Ah ! Que le temps vienne
Où les cœurs s'éprennent.

Je me suis dit : laisse,
Et qu'on ne te voie :
Et sans la promesse
De plus hautes joies.
Que rien ne t'arrête,
Auguste retraite.

J'ai tant fait patience
Qu'à jamais j'oublie ;
Craintes et souffrances
Aux cieux sont parties.
Et la soif malsaine
Obscurcit mes veines.

Ainsi la Prairie
A l'oubli livrée,

Grandie, et fleurie
D'encens et d'ivraies
Au bourdon farouche
De cent sales mouches.

Ah! Mille veuvages
De la si pauvre âme
Qui n'a que l'image
De la Notre-Dame!
Est-ce que l'on prie
La Vierge Marie?

Oisive jeunesse
A tout asservie,
Par délicatesse
J'ai perdu ma vie.
Ah! Que le temps vienne
Où les cœurs s'éprennent!

Mai 1872.

L'ÉTERNITÉ

ELLE est retrouvée.
Quoi? — L'Éternité.
C'est la mer allée
Avec le soleil.

Ame sentinelle,
Murmurons l'aveu
De la nuit si nulle
Et du jour en feu.

Des humains suffrages,
Des communs élans

Derniers vers

Là tu te dégages
Et voles selon.

Puisque de vous seules,
Braises de satin,
Le Devoir s'exhale
Sans qu'on dise : enfin.

Là pas d'espérance,
Nul orietur.
Science avec patience,
Le supplice est sûr.

Elle est retrouvée.
Quoi ? — L'Éternité.
C'est la mer allée
Avec le soleil.

Mai 1872.

ÂGE D'OR

QUELQU'UNE des voix
Toujours angélique
— Il s'agit de moi, —
Vertement s'explique :

Ces mille questions
Qui se ramifient
N'amènent, au fond,
Qu'ivresse et folie ;

Reconnais ce tour
Si gai, si facile :

Ce n'est qu'onde, flore,
Et c'est ta famille!

Puis elle chante. Ô
Si gai, si facile,
Et visible à l'œil nu...
— Je chante avec elle, —

Reconnais ce tour
Si gai, si facile,
Ce n'est qu'onde, flore,
Et c'est ta famille!... etc.

Et puis une voix
— Est-elle angélique! —
Il s'agit de moi,
Vertement s'explique;

Et chante à l'instant
En sœur des haleines :
D'un ton Allemand,
Mais ardente et pleine :

Le monde est vicieux;
Si cela t'étonne!
Vis et laisse au feu
L'obscure infortune.

Ô! joli château!
Que ta vie est claire!
De quel Age es-tu,
Nature princière
De notre grand frère! etc.
Je chante aussi, moi :

Multiples sœurs! voix
Pas du tout publiques!
Environnez-moi
De gloire pudique... etc.

Juin 1872.

JEUNE MÉNAGE

La chambre est ouverte au ciel bleu-turquin;
Pas de place : des coffrets et des huches!
Dehors le mur est plein d'aristoloches
Où vibrent les gencives des lutins.

Que ce sont bien intrigues de génies
Cette dépense et ces désordres vains!
C'est la fée africaine qui fournit
La mûre, et les résilles dans les coins.

Plusieurs entrent, marraines mécontentes,
En pans de lumière dans les buffets,
Puis y restent! le ménage s'absente
Peu sérieusement, et rien ne se fait.

Le marié a le vent qui le floue
Pendant son absence, ici, tout le temps.
Même des esprits des eaux, malfaisants
Entrent vaguer aux sphères de l'alcôve.

La nuit, l'amie oh! la lune de miel
Cueillera leur sourire et remplira
De mille bandeaux de cuivre le ciel.
Puis ils auront affaire au malin rat**.

— S'il n'arrive pas un feu follet blême,
Comme un coup de fusil, après des vêpres.
— Ô spectres saints et blancs de Bethléem,
Charmez plutôt le bleu de leur fenêtre !

27 juin 1872.
Bruxelles*,
Boulvard du Régent.

Juillet.

PLATES-BANDES d'amarantes jusqu'à
L'agréable palais de Jupiter.
— Je sais que c'est Toi qui, dans ces lieux,
Mêles ton Bleu presque de Sahara !

Puis, comme rose et sapin du soleil
Et liane ont ici leurs jeux enclos,
Cage de la petite veuve !...
                              Quelles
Troupes d'oiseaux, ô ia io, ia io !...

— Calmes maisons, anciennes passions !
Kiosque de la Folle par affection.
Après les fesses des rosiers, balcon
Ombreux et très bas de la Juliette.

— La Juliette, ça rappelle l'Henriette,
Charmante station du chemin de fer,
Au cœur d'un mont, comme au fond d'un verger
Où mille diables bleus dansent dans l'air !

Banc vert où chante au paradis d'orage,
Sur la guitare, la blanche Irlandaise.

Puis, de la salle à manger guyanaise,
Bavardage des enfants et des cages.

Fenêtre du duc qui fais que je pense
Au poison des escargots et du buis
Qui dort ici-bas au soleil.
                              Et puis
C'est trop beau! trop! Gardons notre silence.

— Boulvard sans mouvement ni commerce,
Muet, tout drame et toute comédie,
Réunion des scènes infinie,
Je te connais et t'admire en silence.

EST-ELLE almée*?... aux premières lueurs bleues
Se détruira-t-elle comme les fleurs feues...
Devant la splendide étendue où l'on sente
Souffler la ville énormément florissante!

C'est trop beau! c'est trop beau! mais c'est nécessaire
— Pour la Pêcheuse et la chanson du Corsaire,
Et aussi puisque les derniers masques crurent
Encore aux fêtes de nuit sur la mer pure!

Juillet 1872.

FÊTES DE LA FAIM

MA faim, Anne, Anne,
Fuis sur ton âne.

Si j'ai du goût, ce n'est guères
Que pour la terre et les pierres

Dinn! dinn! dinn! dinn! je pais l'air,
Le roc, les Terres, le fer.

Tournez, les faims! paissez, faims,
    Le pré des sons!
L'aimable et vibrant venin
    Des liserons;

Les cailloux qu'un pauvre brise,
Les vieilles pierres d'églises,
Les galets, fils des déluges,
Pains couchés aux vallées grises!

Mes faims, c'est les bouts d'air noir;
    L'azur sonneur;
— C'est l'estomac qui me tire.
    C'est le malheur.

Sur terre ont paru les feuilles :
Je vais aux chairs de fruit blettes.
Au sein du sillon je cueille
La doucette et la violette.

    Ma faim, Anne, Anne!
    Fuis sur ton âne.

Août 1872.

    ENTENDS comme brame*
    près des acacias
    en avril la rame
    viride du pois!

Dans sa vapeur nette,
vers Phœbé! tu vois
s'agiter la tête
de saints d'autrefois...

Loin des claires meules
des caps, des beaux toits,
ces chers Anciens veulent
ce philtre sournois...

Or ni fériale
ni astrale! n'est
la brume qu'exhale
ce nocturne effet.

Néanmoins ils restent,
— Sicile, Allemagne,
dans ce brouillard triste
et blêmi, justement!

Ô SAISONS, ô châteaux,
Quelle âme est sans défauts?

Ô saisons, ô châteaux,

J'ai fait la magique étude
Du Bonheur, que nul n'élude.

Ô vive lui, chaque fois
Que chante son coq gaulois.

Mais! je n'aurai plus d'envie,
Il s'est chargé de ma vie.

Ce Charme! il prit âme et corps,
Et dispersa tous efforts.
Que comprendre à ma parole?
Il fait qu'elle fuie et vole!

Ô saisons, ô châteaux!

Et, si le malheur m'entraîne,
Sa disgrâce m'est certaine.

Il faut que son dédain, las!
Me livre au plus prompt trépas!

— Ô Saisons, ô Châteaux!

QU'EST-CE pour nous, mon cœur*, que les nappes de
[sang
Et de braise, et mille meurtres, et les longs cris
De rage, sanglots de tout enfer renversant
Tout ordre; et l'Aquilon encor sur les débris;

Et toute vengeance? Rien!... — Mais si, toute encor,
Nous la voulons! Industriels, princes, sénats :
Périssez! puissance, justice, histoire : à bas!
Ça nous est dû. Le sang! le sang! la flamme d'or!

Tout à la guerre, à la vengeance, à la terreur,
Mon esprit! Tournons dans la morsure : Ah! passez,
Républiques de ce monde! Des empereurs,
Des régiments, des colons, des peuples, assez!

Qui remuerait les tourbillons de feu furieux,
Que nous et ceux que nous nous imaginons frères?
A nous, romanesques amis : ça va nous plaire.
Jamais nous ne travaillerons, ô flots de feux!

Europe, Asie, Amérique, disparaissez.
Notre marche vengeresse a tout occupé,
Cités et campagnes ! — Nous serons écrasés !
Les volcans sauteront ! Et l'Océan frappé...
Oh ! mes amis ! — Mon cœur, c'est sûr, ils sont des Noirs
inconnus, si nous allions ! Allons ! allons ! frères :
Ô malheur ! je me sens frémir, la vieille terre,
Sur moi de plus en plus à vous ! la terre fond,

Ce n'est rien ! j'y suis ! j'y suis toujours.

HONTE

TANT que la lame n'aura
Pas coupé cette cervelle,
Ce paquet blanc, vert et gras,
A vapeur jamais nouvelle,

(Ah ! Lui, devrait couper son
Nez, sa lèvre, ses oreilles,
Son ventre ! et faire abandon
De ses jambes ! ô merveille !)

Mais, non ; vrai, je crois que tant
Que pour sa tête la lame,
Que les cailloux pour son flanc,
Que pour ses boyaux la flamme,

N'auront pas agi, l'enfant
Gêneur, la si sotte bête,

Ne doit cesser un instant
De ruser et d'être traître,

Comme un chat des Monts-Rocheux...,
D'empuantir toutes sphères!
Qu'à sa mort pourtant, ô mon Dieu!
S'élève quelque prière!

UNE SAISON EN ENFER

UNE SAISON EN ENFER

*****

JADIS, si je me souviens bien, ma vie était un festin où s'ouvraient tous les cœurs, où tous les vins coulaient.

Un soir, j'ai assis la Beauté sur mes genoux. — Et je l'ai trouvée amère. — Et je l'ai injuriée.

Je me suis armé contre la justice**.

Je me suis enfui Ô sorcières***, ô misère, ô haine, c'est à vous que mon trésor a été confié !

Je parvins à faire s'évanouir dans mon esprit toute l'espérance humaine. Sur toute joie pour l'étrangler j'ai fait le bond sourd de la bête féroce.

J'ai appelé les bourreaux pour, en périssant, mordre la crosse de leurs fusils. J'ai appelé les fléaux, pour m'étouffer avec le sable, le sang. Le malheur a été mon dieu. Je me suis allongé dans la boue. Je me suis séché à l'air du crime. Et j'ai joué de bons tours à la folie.

Et le printemps m'a apporté l'affreux rire de l'idiot.

Or, tout dernièrement m'étant trouvé sur le point de faire le dernier *couac***** ! j'ai songé à rechercher la clef du festin ancien, où je reprendrais peut-être appétit.

La charité est cette clef. — Cette inspiration prouve que j'ai rêvé***** !

« Tu resteras hyène, etc. », se récrie le démon qui me couronna de si aimables pavots. « Gagne la mort avec tous tes appétits, et ton égoïsme et tous les péchés capitaux. »

Ah ! j'en ai trop pris : — Mais, cher Satan, je vous en conjure, une prunelle moins irritée ! et en attendant les quelques petites lâchetés en retard, vous qui aimez dans l'écrivain l'absence des facultés descriptives ou instructives, je vous détache ces quelques hideux feuillets de mon carnet de damné.

MAUVAIS SANG

J'AI de mes ancêtres gaulois l'œil bleu blanc, la cervelle étroite, et la maladresse dans la lutte. Je trouve mon habillement aussi barbare que le leur, mais je ne beurre pas ma chevelure.

Les Gaulois étaient les écorcheurs de bêtes, les brûleurs d'herbes les plus ineptes de leur temps.

D'eux, j'ai : l'idolâtrie et l'amour du sacrilège ; — oh ! tous les vices, colère, luxure, — magnifique, la luxure ; — surtout mensonge et paresse.

J'ai horreur de tous les métiers. Maîtres et ouvriers, tous paysans, ignobles. La main à plume vaut la main à charrue. — Quel siècle à mains ! — Je n'aurai jamais ma main. Après, la domesticité mène trop loin. L'honnêteté de la mendicité me navre. Les criminels dégoûtent comme des châtrés : moi, je suis intact, et ça m'est égal.

Mais ! qui a fait ma langue perfide tellement, qu'elle ait guidé et sauvegardé jusqu'ici ma paresse ? Sans me servir pour vivre même de mon corps, et plus oisif que le crapaud, j'ai vécu partout. Pas une famille d'Europe que je ne connaisse. — J'entends des familles comme la mienne, qui tiennent tout de la déclaration des Droits de l'Homme. — J'ai connu chaque fils de famille !

———

Si j'avais des antécédents à un point quelconque de l'histoire de France !

Mais non rien.

Il m'est bien évident que j'ai toujours été race inférieure. Je ne puis comprendre la révolte. Ma race ne se souleva jamais que pour piller : tels les loups à la bête qu'ils n'ont pas tuée.

Je me rappelle l'histoire de la France fille aînée de l'Église. J'aurais fait, manant, le voyage de terre sainte ; j'ai dans la tête des routes dans les plaines souabes, des vues de Byzance, des remparts de Solyme ; le culte de Marie, l'attendrissement sur le crucifié s'éveillent en moi parmi mille féeries profanes. — Je suis assis, lépreux, sur les pots cassés et les orties, au pied d'un mur rongé par le soleil. — Plus tard, reître, j'aurais bivaqué sous les nuits d'Allemagne.

Ah ! encore : je danse le sabbat dans une rouge clairière, avec des vieilles et des enfants.

Je ne me souviens pas plus loin que cette terre-ci et le christianisme. Je n'en finirais pas de me revoir dans ce passé. Mais toujours seul ; sans famille ; même, quelle langue parlais-je ? Je ne me vois jamais dans les conseils du Christ ; ni dans les conseils des Seigneurs, — représentants du Christ.

Qu'étais-je au siècle dernier : je ne me retrouve qu'aujourd'hui. Plus de vagabonds, plus de guerres vagues. La race inférieure a tout couvert — le peuple, comme on dit, la raison ; la nation et la science.

Oh ! la science ! On a tout repris. Pour le corps et pour l'âme, — le viatique, — on a la médecine et la philosophie, — les remèdes de bonnes femmes et les chansons populaires arrangées. Et les divertissements des princes et les jeux qu'ils interdisaient ! Géographie, cosmographie, mécanique, chimie !...

La science, la nouvelle noblesse ! Le progrès. Le monde marche ! Pourquoi ne tournerait-il pas ?

C'est la vision des nombres. Nous allons à l'*Esprit.* C'est très certain, c'est oracle, ce que je dis. Je comprends, et ne sachant m'expliquer sans paroles païennes, je voudrais me taire.

————

Le sang païen revient ! L'Esprit est proche, pourquoi Christ ne m'aide-t-il pas en donnant à mon âme noblesse et liberté. Hélas ! l'Évangile a passé ! l'Évangile ! l'Évangile.

J'attends Dieu avec gourmandise. Je suis de race inférieure de toute éternité.

Me voici sur la plage armoricaine. Que les villes s'allument dans le soir. Ma journée est faite, je quitte l'Europe. L'air marin brûlera mes poumons ; les climats perdus me tanneront. Nager, broyer l'herbe, chasser, fumer surtout boire des liqueurs fortes comme du métal bouillant, — comme faisaient ces chers ancêtres autour des feux.

Je reviendrai, avec des membres de fer, la peau sombre, l'œil furieux : sur mon masque, on me jugera d'une race forte. J'aurai de l'or : je serai oisif et brutal. Les femmes soignent ces féroces infirmes retour des pays chauds. Je serai mêlé aux affaires politiques. Sauvé.

Maintenant je suis maudit, j'ai horreur de la patrie. Le meilleur, c'est un sommeil bien ivre, sur la grève.

On ne part pas. — Reprenons les chemins d'ici, chargé de mon vice, le vice qui a poussé ses racines de souffrance à mon côté, dès l'âge de raison — qui monte au ciel, me bat, me renverse, me traîne.

La dernière innocence et la dernière timidité. C'est dit. Ne pas porter au monde mes dégoûts et mes trahisons.

Allons! La marche, le fardeau, le désert, l'ennui et la colère.

A qui me louer? Quelle bête faut-il adorer? Quelle sainte image attaque-t-on? Quels cœurs briserai-je? Quel mensonge dois-je tenir? — Dans quel sang marcher?

Plutôt, se garder de la justice. — La vie dure, l'abrutissement simple, — soulever, le poing desséché, le couvercle du cercueil, s'asseoir, s'étouffer. Ainsi point de vieillesse, ni de dangers : la terreur n'est pas française.

— Ah! je suis tellement délaissé que j'offre à n'importe quelle divine image des élans vers la perfection.

Ô mon abnégation, ô ma charité merveilleuse! ici-bas, pourtant!

De profondis Domine, suis-je bête!

Encore tout enfant**, j'admirais le forçat intraitable sur qui se referme toujours le bagne; je visitais les auberges et les garnis qu'il aurait sacrés par son séjour; je voyais *avec son idée* le ciel bleu et le travail fleuri de la campagne je flairais sa fatalité dans les villes. Il avait plus de force qu'un saint, plus de bon sens qu'un voyageur — et lui, lui seul ! pour témoin de sa gloire et de sa raison.

Sur les routes, par des nuits d'hiver, sans gîte, sans habits, sans pain, une voix étreignait mon cœur gelé : « Faiblesse ou force : te voilà, c'est la force. Tu ne sais ni où tu vas ni pourquoi tu vas, entre partout, réponds à tout. On ne te tuera pas plus que si tu étais cadavre. » Au matin j'avais le regard si perdu et la contenance si morte, que ceux que j'ai rencontrés *ne m'ont peut-être pas vu*.

Dans les villes la boue m'apparaissait soudainement rouge et noire, comme une glace quand la lampe circule dans la chambre voisine, comme un trésor dans la forêt ! Bonne chance, criais-je, et je voyais une mer de flammes et de fumée au ciel ; et, à gauche, à droite, toutes les richesses flambant comme un milliard de tonnerres.

Mais l'orgie et la camaraderie des femmes m'étaient interdites. Pas même un compagnon. Je me voyais devant une foule exaspérée, en face du peloton d'exécution, pleurant du malheur qu'ils n'aient pu comprendre, et pardonnant ! — Comme Jeanne d'Arc ! — « Prêtres, professeurs, maîtres, vous vous trompez en me livrant à la justice. Je n'ai jamais été de ce peuple-ci ; je n'ai jamais été chrétien ; je suis de la race qui chantait dans le supplice ; je ne comprends pas les lois ; je n'ai pas de sens moral, je suis une brute : vous vous trompez... »

Oui, j'ai les yeux fermés à votre lumière. Je suis une bête, un nègre. Mais je puis être sauvé. Vous êtes de faux nègres, vous maniaques, féroces, avares. Marchand, tu es nègre ; magistrat, tu es nègre ; général, tu es nègre ; empereur, vieille démangeaison, tu es nègre : tu as bu d'une liqueur non taxée, de la fabrique de Satan. — Ce peuple est inspiré par la fièvre et le cancer. Infirmes et vieillards sont tellement respectables qu'ils demandent à être bouillis. — Le plus malin est de quitter ce continent, où la folie rôde pour pourvoir d'otages ces misérables. J'entre au vrai royaume des enfants de Cham***.

Connais-je encore la nature? me connais-je? — *Plus de morts*. J'ensevelis les morts dans mon ventre. Cris, tambour, danse, danse, danse, danse! Je ne vois même pas l'heure où, les blancs débarquant, je tomberai au néant.

Faim, soif, cris, danse, danse, danse, danse!

———

Les blancs débarquent. Le canon! Il faut se soumettre au baptême, s'habiller, travailler.

J'ai reçu au cœur le coup de grâce. Ah! je ne l'avais pas prévu!

Je n'ai point fait le mal. Les jours vont m'être légers, le repentir me sera épargné. Je n'aurai pas eu les tourments de l'âme presque morte au bien, où remonte la lumière sévère comme les cierges funéraires. Le sort du fils de famille, cercueil prématuré couvert de limpides larmes. Sans doute la débauche est bête, le vice est bête; il faut jeter la pourriture à l'écart. Mais l'horloge ne sera pas arrivée à ne plus sonner que l'heure de la pure douleur! Vais-je être enlevé comme un enfant, pour jouer au paradis dans l'oubli de tout le malheur!

Vite! est-il d'autres vies? — Le sommeil dans la richesse est impossible. La richesse a toujours été bien public. L'amour divin seul octroie les clefs de la science. Je vois que la nature n'est qu'un spectacle de bonté. Adieu chimères, idéals, erreurs.

Le chant raisonnable des anges s'élève du navire sauveur : c'est l'amour divin. — Deux amours! je puis mourir de l'amour terrestre, mourir de dévouement. J'ai laissé des âmes dont la peine s'accroîtra de mon départ!

Vous me choisissez parmi les naufragés, ceux qui restent sont-ils pas mes amis?

Sauvez-les!

La raison m'est née. Le monde est bon. Je bénirai la vie. J'aimerai mes frères. Ce ne sont plus des promesses d'enfance. Ni l'espoir d'échapper à la vieillesse et à la mort. Dieu fait ma force, et je loue Dieu.

————

L'ennui n'est plus mon amour. Les rages, les débauches, la folie, dont je sais tous les élans et les désastres, — tout mon fardeau est déposé. Apprécions sans vertige l'étendue de mon innocence.

Je ne serais plus capable de demander le réconfort d'une bastonnade. Je ne me crois pas embarqué pour une noce avec Jésus-Christ pour beau-père****.

Je ne suis pas prisonnier de ma raison. J'ai dit : Dieu. Je veux la liberté dans le salut : comment la poursuivre? Les goûts frivoles m'ont quitté. Plus besoin de dévouement ni d'amour divin. Je ne regrette pas le siècle des cœurs sensibles. Chacun a sa raison, mépris et charité : je retiens ma place au sommet de cette angélique échelle de bon sens.

Quant au bonheur établi, domestique ou non... non, je ne peux pas. Je suis trop dissipé, trop faible. La vie fleurit par le travail, vieille vérité : moi, ma vie n'est pas assez pesante, elle s'envole et flotte loin au-dessus de l'action, ce cher point du monde.

Comme je deviens vieille fille, à manquer de courage d'aimer la mort!

Si Dieu m'accordait le calme céleste, aérien, la prière, — comme les anciens saints. — Les saints! des forts! les anachorètes, des artistes comme il n'en faut plus!

Farce continuelle! Mon innocence me ferait pleurer. La vie est la farce à mener par tous.

————————

Assez! voici la punition. — *En marche!*

Ah! les poumons brûlent, les tempes grondent! la nuit roule dans mes yeux, par ce soleil! le cœur... les membres...

Où va-t-on? au combat? Je suis faible! les autres avancent. Les outils, les armes... le temps!...

Feu! feu sur moi! Là! ou je me rends. — Lâches! — Je me tue! Je me jette aux pieds des chevaux!

Ah!...

— Je m'y habituerai.

Ce serait la vie française, le sentier de l'honneur!

NUIT DE L'ENFER

J'AI avalé une fameuse gorgée de poison**. — Trois fois béni soit le conseil qui m'est arrivé! — Les entrailles me brûlent. La violence du venin tord mes membres, me rend difforme, me terrasse. Je meurs de soif, j'étouffe, je ne puis crier. C'est l'enfer, l'éternelle peine! Voyez comme le feu se relève! Je brûle comme il faut. Va, démon!

J'avais entrevu la conversion au bien et au bonheur, le salut. Puis-je décrire la vision, l'air de l'enfer ne souffre pas les hymnes! C'était des millions de créatures charmantes, un suave concert spirituel, la force et la paix, les nobles ambitions, que sais-je?

Les nobles ambitions!

Et c'est encore la vie! — Si la damnation est éternelle! Un homme qui veut se mutiler est bien damné, n'est-ce pas ? Je me crois en enfer, donc j'y suis. C'est l'exécution du catéchisme. Je suis esclave de mon baptême. Parents, vous avez fait mon malheur et vous avez fait le vôtre. Pauvre innocent ! L'enfer ne peut attaquer les païens. — C'est la vie encore ! Plus tard, les délices de la damnation seront plus profondes. Un crime, vite, que je tombe au néant, de par la loi humaine.

Tais-toi, mais tais-toi !... C'est la honte, le reproche, ici : Satan qui dit que le feu est ignoble, que ma colère est affreusement sotte. — Assez !... Des erreurs qu'on me souffle, magies, parfums faux, musiques puériles*. — Et dire que je tiens la vérité, que je vois la justice : j'ai un jugement sain et arrêté, je suis prêt pour la perfection... Orgueil. — La peau de ma tête se dessèche. Pitié ! Seigneur, j'ai peur. J'ai soif, si soif ! Ah ! l'enfance, l'herbe, la pluie, le lac sur les pierres, *le clair de lune quand le clocher sonnait douze***... le diable est au clocher, à cette heure. Marie ! Sainte-Vierge !... — Horreur de ma bêtise.

Là-bas, ne sont-ce pas des âmes honnêtes, qui me veulent du bien... Venez... J'ai un oreiller sur la bouche, elles ne m'entendent pas, ce sont des fantômes. Puis, jamais personne ne pense à autrui. Qu'on n'approche pas. Je sens le roussi, c'est certain.

Les hallucinations sont innombrables. C'est bien ce que j'ai toujours eu : plus de foi en l'histoire, l'oubli des principes. Je m'en tairai : poètes et visionnaires seraient jaloux. Je suis mille fois le plus riche, soyons avare comme la mer.

Ah ça ! l'horloge de la vie s'est arrêtée tout à l'heure. Je ne suis plus au monde. — La théologie est sérieuse, l'enfer est certainement *en bas* — et le ciel en haut. — Extase, cauchemar, sommeil dans un nid de flammes.

Que de malices dans l'attention dans la campagne... Satan, Ferdinand*** court avec les graines sauvages...

Jésus marche sur les ronces purpurines, sans les courber... Jésus marchait sur les eaux irritées. La lanterne nous le montra debout, blanc et des tresses brunes, au flanc d'une vague d'émeraude...

Je vais dévoiler tous les mystères : mystères religieux ou naturels, mort, naissance, avenir, passé, cosmogonie, néant. Je suis maître en fantasmagories.

Écoutez!...

J'ai tous les talents! — Il n'y a personne ici et il y a quelqu'un : je ne voudrais pas répandre mon trésor. — Veut-on des chants nègres, des danses de houris? Veut-on que je disparaisse, que je plonge à la recherche de l'*anneau* ? Veut-on? Je ferai de l'or, des remèdes.

Fiez-vous donc à moi, la foi soulage, guide, guérit. Tous, venez, — même les petits enfants, — que je vous console, qu'on répande pour vous son cœur, — le cœur merveilleux! — Pauvres hommes, travailleurs! Je ne demande pas de prières; avec votre confiance seulement, je serai heureux.

— Et pensons à moi. Ceci me fait peu regretter le monde. J'ai de la chance de ne pas souffrir plus. Ma vie ne fut que folies douces, c'est regrettable.

Bah! faisons toutes les grimaces imaginables.

Décidément, nous sommes hors du monde. Plus aucun son. Mon tact a disparu. Ah! mon château, ma Saxe, mon bois de saules. Les soirs, les matins, les nuits, les jours... Suis-je las!

Je devrais avoir mon enfer pour la colère, mon enfer pour l'orgueil, — et l'enfer de la caresse; un concert d'enfers.

Je meurs de lassitude. C'est le tombeau, je m'en vais aux vers, horreur de l'horreur! Satan, farceur, tu veux me dissoudre, avec tes charmes. Je réclame. Je réclame! un coup de fourche, une goutte de feu.

Ah! remonter à la vie! Jeter les yeux sur nos difformités.

Et ce poison, ce baiser mille fois maudit! Ma faiblesse, la cruauté du monde! Mon Dieu, pitié, cachez-moi, je me tiens trop mal! — Je suis caché et je ne le suis pas.

C'est le feu qui se relève avec son damné.

DÉLIRES

I

VIERGE FOLLE

L'ÉPOUX INFERNAL

Écoutons la confession d'un compagnon d'enfer :

« Ô divin Époux, mon Seigneur, ne refusez pas la confession de la plus triste de vos servantes. Je suis perdue. Je suis soûle. Je suis impure. Quelle vie!

« Pardon, divin Seigneur, pardon! Ah! pardon! Que de larmes! Et que de larmes encore plus tard, j'espère!

« Plus tard, je connaîtrai le divin Époux! Je suis née soumise à Lui. — L'autre peut me battre maintenant!

« À présent, je suis au fond du monde! Ô mes amies!.. non, pas mes amies... Jamais délires ni tortures semblables... Est-ce bête!

« Ah! je souffre, je crie. Je souffre vraiment. Tout pourtant m'est permis, chargée du mépris des plus méprisables cœurs.

« Enfin, faisons cette confidence, quitte à la répéter vingt autres fois, — aussi morne, aussi insignifiante!

« Je suis esclave de l'Époux infernal, celui qui a perdu les vierges folles. C'est bien ce démon-là. Ce n'est pas un spectre, ce n'est pas un fantôme. Mais moi qui ai perdu la sagesse, qui suis damnée et morte au monde, — on ne me tuera pas! — Comment vous le décrire! Je ne sais même plus parler. Je suis en deuil, je pleure, j'ai peur. Un peu de fraîcheur, Seigneur, si vous voulez, si vous voulez bien!

« Je suis veuve... — J'étais veuve... — mais oui, j'ai été bien sérieuse jadis, et je ne suis pas née pour devenir squelette!... — Lui était presque un enfant... Ses délicatesses mystérieuses m'avaient séduite. J'ai oublié tout mon devoir humain pour le suivre. Quelle vie! La vraie vie est absente. Nous ne sommes pas au monde. Je vais où il va, il le faut. Et souvent il s'emporte contre moi, *moi, la pauvre âme*. Le Démon! — C'est un Démon, vous savez, *ce n'est pas un homme*.

« Il dit : "Je n'aime pas les femmes. L'amour est à réinventer, on le sait. Elles ne peuvent plus que vouloir une position assurée. La position gagnée, cœur et beauté sont mis de côté : il ne reste que froid dédain, l'aliment du mariage, aujourd'hui. Ou bien je vois des femmes, avec les signes du bonheur, dont, moi, j'aurais pu faire de bonnes camarades, dévorées tout d'abord par des brutes sensibles comme des bûchers..."

« Je l'écoute faisant de l'infamie une gloire, de la cruauté un charme : "Je suis de race lointaine : mes pères étaient Scandinaves : ils se perçaient les côtes, buvaient leur sang. — Je me ferai des entailles par tout le corps, je me tatouerai, je veux devenir hideux comme un Mongol : tu verras, je hurlerai dans les rues. Je veux devenir bien fou de rage. Ne me montre jamais de bijoux, je ramperais et me tordrais sur le tapis. Ma richesse, je la voudrais tachée de sang partout. Jamais je ne travaillerai..." Plusieurs nuits, son démon me saisissant, nous nous roulions, je luttais avec lui! — Les nuits, souvent ivre, il se poste dans des rues ou dans des maisons, pour m'épouvanter mortellement. — "On me coupera vraiment le cou ; ce sera dégoûtant." Oh ! ces jours où il veut marcher avec l'air du crime !

« Parfois il parle, en une façon de patois attendri, de la mort qui fait repentir, des malheureux qui existent certainement, des travaux pénibles, des départs qui déchirent les cœurs. Dans les bouges où nous nous enivrions, il pleurait en considérant ceux qui nous entouraient, bétail de la misère. Il relevait les ivrognes dans les rues noires. Il avait la pitié d'une mère méchante pour les petits enfants. — Il s'en allait avec des gentillesses de petite fille au catéchisme. — Il feignait d'être éclairé sur tout, commerce, art, médecine. — Je le suivais, il le faut !

« Je voyais tout le décor dont, en esprit, il s'entourait ; vêtements, draps, meubles : je lui prêtais des armes, une autre figure. Je voyais tout ce qui le touchait, comme il aurait voulu le créer pour lui. Quand il me semblait avoir l'esprit inerte, je le suivais, moi, dans des actions étranges et compliquées, loin, bonnes ou mauvaises : j'étais sure de ne jamais entrer dans son monde. A côté de son cher corps endormi, que d'heures des nuits j'ai veillé, cherchant pourquoi il voulait tant s'évader de la réalité. Jamais homme n'eut pareil vœu. Je reconnaissais, — sans craindre pour lui, — qu'il pouvait être un sérieux danger dans la société. — Il a peut-être des secrets pour *changer la* vie ? Non, il ne fait qu'en chercher, me répliquais-je. Enfin sa charité est ensorcelée, et j'en suis la prisonnière. Aucune autre âme n'aurait assez de force, — force de désespoir ! — pour la supporter, — pour être protégée et aimée par lui. D'ailleurs, je ne me le figurais pas avec une autre âme : on voit son Ange, jamais l'Ange d'un autre, — je crois. J'étais dans son âme comme dans un palais qu'on a vidé pour ne pas voir une personne si peu noble que vous : voilà tout. Hélas !

je dépendais bien de lui. Mais que voulait-il avec mon existence terne et lâche ? Il ne me rendait pas meilleure, s'il ne me faisait pas mourir ! Tristement dépitée, je lui dis quelquefois : "Je te comprends." Il haussait les épaules.

« Ainsi, mon chagrin se renouvelant sans cesse, et me trouvant plus égarée à mes yeux, — comme à tous les yeux qui auraient voulu me fixer, si je n'eusse été condamnée pour jamais à l'oubli de tous ! — j'avais de plus en plus faim de sa bonté. Avec ses baisers et ses étreintes amies, c'était bien un ciel, un sombre ciel, où j'entrais, et où j'aurais voulu être laissée, pauvre, sourde, muette, aveugle. Déjà j'en prenais l'habitude. Je nous voyais comme deux bons enfants, libres de se promener dans le Paradis de tristesse. Nous nous accordions. Bien émus, nous travaillions ensemble. Mais, après une pénétrante caresse, il disait : "Comme ça te paraîtra drôle, quand je n'y serai plus, ce par quoi tu as passé. Quand tu n'auras plus mes bras sous ton cou, ni mon cœur pour t'y reposer, ni cette bouche sur tes yeux. Parce qu'il faudra que je m'en aille, très loin, un jour. Puis il faut que j'en aide d'autres : c'est mon devoir. Quoique ce ne soit guère ragoûtant…, chère âme…" Tout de suite je me pressentais, lui parti, en proie au vertige, précipitée dans l'ombre la plus affreuse : la mort. Je lui faisais promettre qu'il ne me lâcherait pas. Il l'a faite vingt fois, cette promesse d'amant. C'était aussi frivole que moi lui disant : "Je te comprends."

« Ah ! je n'ai jamais été jalouse de lui. Il ne me quittera pas, je crois. Que devenir ? Il n'a pas une connaissance ; il ne travaillera jamais. Il veut vivre somnambule. Seules, sa bonté et sa charité lui donneraient-elles droit dans le monde réel ? Par instants, j'oublie la pitié où je suis tombée : lui me rendra forte, nous voyagerons, nous chasserons dans les déserts, nous dormirons sur les pavés des villes inconnues, sans soins, sans peines. Ou je me réveillerai, et les lois et les mœurs auront changé, — grâce à son pouvoir magique, — le monde, en restant le même, me laissera à mes désirs, joies, nonchalances. Oh! la vie d'aventures qui existe dans les livres des enfants, pour me récompenser, j'ai tant souffert, me la donneras-tu? Il ne peut pas. J'ignore son idéal. Il m'a dit avoir des regrets, des espoirs : cela ne doit pas me regarder. Parle-t-il à Dieu? Peut-être devrais-je m'adresser à Dieu. Je suis au plus profond de l'abîme, et je ne sais plus prier.

« S'il m'expliquait ses tristesses, les comprendrais-je plus que ses railleries? Il m'attaque, il passe des heures à me faire honte de tout ce qui m'a pu toucher au monde, et s'indigne si je pleure.

« — Tu vois cet élégant jeune homme, entrant dans la belle et calme maison : il s'appelle Duval, Dufour, Armand, Maurice, que sais-je? Une femme s'est dévouée à aimer ce méchant idiot : elle est morte, c'est certes une sainte au ciel, à présent. Tu me feras mourir comme il a fait mourir cette femme. C'est notre sort, à nous, cœurs charitables..." Hélas! il avait des jours où tous les hommes agissant lui paraissaient les jouets de délires grotesques; il riait affreusement, longtemps. — Puis, il reprenait ses manières de jeune mère, de sœur aînée. S'il était moins sauvage, nous serions sauvés! Mais sa douceur aussi est mortelle. Je lui suis soumise. — Ah! je suis folle!

« Un jour peut-être il disparaîtra merveilleusement; mais il faut que je sache, s'il doit remonter à un ciel, que je voie un peu l'assomption de mon petit ami! »

Drôle de ménage!

DÉLIRES

II

ALCHIMIE DU VERBE

A MOI. L'histoire d'une de mes folies.

Depuis longtemps je me vantais de posséder tous les paysages possibles, et trouvais dérisoires les célébrités de la peinture et de la poésie moderne.

J'aimais les peintures idiotes, dessus de portes, décors, toiles de saltimbanques, enseignes, enluminures populaires ; la littérature démodée, latin d'église, livres érotiques sans orthographe, romans de nos aïeules, contes de fées, petits livres de l'enfance, opéras vieux, refrains niais, rhythmes naïfs.

Je rêvais croisades, voyages de découvertes dont on n'a pas de relations, républiques sans histoires, guerres de religion étouffées, révolutions de mœurs, déplacements de races et de continents : je croyais à tous les enchantements.

J'inventai la couleur des voyelles ! — *A* noir, *E* blanc, *I* rouge, *O* bleu, *U* vert. — Je réglai la forme et le mouvement de chaque consonne, et, avec des rhythmes instinctifs, je me flattai d'inventer un verbe poétique accessible, un jour ou l'autre, à tous les sens. Je réservais la traduction.

Ce fut d'abord une étude. J'écrivais des silences, des nuits, je notais l'inexprimable. Je fixai des vertiges.

————

Loin des oiseaux, des troupeaux, des villageoises,
Que buvais-je, à genoux dans cette bruyère

Entourée de tendres bois de noisetiers,
Dans un brouillard d'après-midi tiède et vert?

Que pouvais-je boire dans cette jeune Oise,
— Ormeaux sans voix, gazon sans fleurs, ciel couvert!
— Boire à ces gourdes jaunes, loin de ma case
Chérie? Quelque liqueur d'or qui fait suer.

Je faisais une louche enseigne d'auberge.
— Un orage vint chasser le ciel. Au soir
L'eau des bois se perdait sur les sables vierges,
Le vent de Dieu jetait des glaçons aux mares;

Pleurant, je voyais de l'or — et ne pus boire. —

———————

A quatre heures du matin, l'été
Le sommeil d'amour dure encore.
Sous les bocages s'évapore
    L'odeur du soir fêté.

Là-bas, dans leur vaste chantier
Au soleil des Hespérides,
Déjà s'agitent — en bras de chemise —
    Les Charpentiers.

Dans leurs Déserts de mousse, tranquilles,
Ils préparent les lambris précieux
    Où la ville
  Peindra de faux cieux.

Ô, pour ces Ouvriers charmants
Sujets d'un roi de Babylone,

Vénus! quitte un instant les Amants
Dont l'âme est en couronne.

Ô Reine des Bergers,
Porte aux travailleurs l'eau-de-vie,
Que leurs forces soient en paix
En attendant le bain dans la mer à midi.

LA vieillerie poétique avait une bonne part dans mon alchimie du verbe.

Je m'habituai à l'hallucination simple : je voyais très franchement une mosquée à la place d'une usine, une école de tambours faite par des anges, des calèches sur les routes du ciel, un salon au fond d'un lac ; les monstres, les mystères ; un titre de vaudeville dressait des épouvantes devant moi.

Puis j'expliquai mes sophismes magiques avec l'hallucination des mots !

Je finis par trouver sacré le désordre de mon esprit. J'étais oisif, en proie à une lourde fièvre : j'enviais la félicité des bêtes, — les chenilles, qui représentent l'innocence des limbes, les taupes, le sommeil de la virginité !

Mon caractère s'aigrissait. Je disais adieu au monde dans d'espèces de romances :

CHANSON DE LA PLUS HAUTE TOUR

Qu'il vienne, qu'il vienne,
Le temps dont on s'éprenne.

J'ai tant fait patience
Qu'à jamais j'oublie.

Craintes et souffrances
Aux cieux sont parties.
Et la soif malsaine
Obscurcit mes veines.

Qu'il vienne, qu'il vienne,
Le temps dont on s'éprenne.
Telle la prairie
A l'oubli livrée,
Grandie, et fleurie
D'encens et d'ivraies,
Au bourdon farouche
Des sales mouches.

Qu'il vienne, qu'il vienne,
Le temps dont on s'éprenne.

J'aimai le désert, les vergers brûlés, les boutiques fanées, les boissons tiédies. Je me traînais dans les ruelles puantes et, les yeux fermés, je m'offrais au soleil, dieu de feu.

« Général, s'il reste un vieux canon sur tes remparts en ruines, bombarde-nous avec des blocs de terre sèche. Aux glaces des magasins splendides ! dans les salons ! Fais manger sa poussière à la ville. Oxyde les gargouilles. Emplis les boudoirs de poudre de rubis brûlante... »

Oh ! le moucheron enivré à la pissotière de l'auberge, amoureux de la bourrache, et que dissout un rayon !

FAIM

Si j'ai du goût, ce n'est guère
Que pour la terre et les pierres.

Je déjeune toujours d'air,
De roc, de charbons, de fer.

Mes faims, tournez. Paissez, faims,
    Le pré des sons.
Attirez le gai venin
    Des liserons.

Mangez les cailloux qu'on brise,
Les vieilles pierres d'églises;
Les galets des vieux déluges,
Pains semés dans les vallées grises.

————————

Le loup criait sous les feuilles
En crachant les belles plumes
De son repas de volailles :
Comme lui je me consume.

Les salades, les fruits
N'attendent que la cueillette;
Mais l'araignée de la haie
Ne mange que des violettes.

Que je dorme! que je bouille
Aux autels de Salomon.
Le bouillon court sur la rouille,
Et se mêle au Cédron.

Enfin, ô bonheur, ô raison, j'écartai du ciel l'azur, qui est du noir, et je vécus, étincelle d'or de la lumière *nature*. De joie, je prenais une expression bouffonne et égarée au possible :

Elle est retrouvée !
Quoi ? l'éternité.
C'est la mer mêlée
　Au soleil.

Mon âme éternelle,
Observe ton vœu
Malgré la nuit seule
Et le jour en feu.

Donc tu te dégages
Des humains suffrages,
Des communs élans !
Tu voles selon...

— Jamais l'espérance,
　Pas d'*orietur*.
Science et patience,
Le supplice est sûr.
Plus de lendemain,
Braises de satin,
　Votre ardeur
　Est le devoir.

Elle est retrouvée !
— Quoi ? — l'Éternité.
C'est la mer mêlée
　Au soleil.

———————

Je devins un opéra fabuleux : je vis que tous les êtres ont une fatalité de bonheur : l'action n'est pas la vie, mais une façon de gâcher quelque force, un énervement. La morale est la faiblesse de la cervelle.

A chaque être, plusieurs *autres* vies me semblaient dues. Ce monsieur ne sait ce qu'il fait : il est un ange. Cette famille est une nichée de chiens. Devant plusieurs hommes, je causai tout haut avec un moment d'une de leurs autres vies. — Ainsi, j'ai aimé un porc.

Aucun des sophismes de la folie, — la folie qu'on enferme, — n'a été oublié par moi : je pourrais les redire tous, je tiens le système.

Ma santé fut menacée. La terreur venait. Je tombais dans des sommeils de plusieurs jours, et, levé, je continuais les rêves les plus tristes. J'étais mûr pour le trépas, et par une route de dangers ma faiblesse me menait aux confins du monde et de la Cimmérie, patrie de l'ombre et des tourbillons.

Je dus voyager, distraire les enchantements assemblés sur mon cerveau. Sur la mer, que j'aimais comme si elle eût dû me laver d'une souillure, je voyais se lever la croix consolatrice. J'avais été damné par l'arc-en-ciel. Le Bonheur était ma fatalité, mon remords, mon ver : ma vie serait toujours trop immense pour être dévouée à la force et à la beauté.

Le Bonheur ! Sa dent, douce à la mort, m'avertissait au chant du coq, — *ad matutinum*, au *Christus venit*, — dans les plus sombres villes.

O saisons, ô châteaux !
Quelle âme est sans défauts ?

J'ai fait la magique étude
Du bonheur, qu'aucun n'élude.

Salut à lui, chaque fois
Que chante le coq gaulois.

Ah ! je n'aurai plus d'envie :
Il s'est chargé de ma vie.

139

Ce charme a pris âme et corps
Et dispersé les efforts.

Ô saisons, ô châteaux !

L'heure de sa fuite, hélas !
Sera l'heure du trépas.

Ô saisons, ô châteaux !

————————

Cela s'est passé. Je sais aujourd'hui saluer la beauté.

L'IMPOSSIBLE

AH ! cette vie de mon enfance, la grande route par tous les temps, sobre surnaturellement, plus désintéressé que le meilleur des mendiants, fier de n'avoir ni pays, ni amis, quelle sottise c'était. — Et je m'en aperçois seulement !

— J'ai eu raison de mépriser ces bonshommes qui ne perdraient pas l'occasion d'une caresse, parasites de la propreté et de la santé de nos femmes, aujourd'hui qu'elles sont si peu d'accord avec nous.

J'ai eu raison dans tous mes dédains : puisque je m'évade !

Je m'évade !

Je m'explique.

Hier encore, je soupirais : « Ciel ! sommes-nous assez

de damnés ici-bas ! Moi j'ai tant de temps déjà dans leur troupe ! Je les connais tous. Nous nous reconnaissons toujours ; nous nous dégoûtons. La charité nous est inconnue. Mais nous sommes polis ; nos relations avec le monde sont très-convenables. » Est-ce étonnant ? Le monde ! les marchands, les naïfs ! — Nous ne sommes pas déshonorés. — Mais les élus, comment nous recevraient-ils ? Or il y a des gens hargneux et joyeux, de faux élus, puisqu'il nous faut de l'audace ou de l'humilité pour les aborder. Ce sont les seuls élus. Ce ne sont pas des bénisseurs !

M'étant retrouvé deux sous de raison — ça passe vite ! — je vois que mes malaises viennent de ne m'être pas figuré assez tôt que nous sommes à l'Occident. Les marais occidentaux ! Non que je croie la lumière altérée, la forme exténuée, le mouvement égaré... Bon ! voici que mon esprit veut absolument se charger de tous les développements cruels qu'a subis l'esprit depuis la fin de l'Orient... Il en veut, mon esprit !

... Mes deux sous de raison sont finis ! — L'esprit est autorité, il veut que je sois en Occident. Il faudrait le faire taire pour conclure comme je voulais.

J'envoyais au diable les palmes des martyrs, les rayons de l'art, l'orgueil des inventeurs, l'ardeur des pillards ; je retournais à l'Orient et à la sagesse première et éternelle. — Il paraît que c'est un rêve de paresse grossière !

Pourtant, je ne songeais guère au plaisir d'échapper aux souffrances modernes. Je n'avais pas en vue la sagesse bâtarde du Coran. — Mais n'y a-t-il pas un supplice réel en ce que, depuis cette déclaration de la science, le christianisme, l'homme *se joue,* se prouve les évidences, se gonfle du plaisir de répéter des preuves, et ne vit que comme cela ! Torture subtile, niaise ; source de mes divagations spirituelles. La nature pourrait s'ennuyer, peut-être ! M. Prudhomme est né avec le Christ.

N'est-ce pas parce que nous cultivons la brume ! Nous mangeons la fièvre avec nos légumes aqueux. Et l'ivrognerie ! et le tabac ! et l'ignorance ! et les dévouements ! — Tout cela est-il assez loin de la pensée de la sagesse de l'Orient, la patrie primitive ? Pourquoi un monde moderne, si de pareils poisons s'inventent !

Les gens d'Église diront : C'est compris. Mais vous voulez parler de l'Eden. Rien pour vous dans l'histoire des peuples orientaux. — C'est vrai ; c'est à l'Eden que je songeais ! Qu'est-ce que c'est pour mon rêve, cette pureté des races antiques !

Les philosophes : Le monde n'a pas d'âge. L'humanité se déplace, simplement. Vous êtes en Occident, mais libre d'habiter dans votre Orient, quelque ancien qu'il vous le faille, — et d'y habiter bien. Ne soyez pas un vaincu. Philosophes, vous êtes de votre Occident.

Mon esprit, prends garde. Pas de partis de salut violents. Exerce-toi ! — Ah ! la science ne va pas assez vite pour nous !

— Mais je m'aperçois que mon esprit dort.

S'il était bien éveillé toujours à partir de ce moment, nous serions bientôt à la vérité, qui peut-être nous entoure avec ses anges pleurant !... — S'il avait été éveillé jusqu'à ce moment-ci, c'est que je n'aurais pas cédé aux instincts délétères, à une époque immémoriale !... — S'il avait toujours été bien éveillé, je voguerais en pleine sagesse !...

Ô pureté ! pureté !

C'est cette minute d'éveil qui m'a donné la vision de la pureté ! — Par l'esprit on va à Dieu !

Déchirante infortune !

L'ÉCLAIR

Le travail humain! c'est l'explosion qui éclaire mon abîme de temps en temps.

« Rien n'est vanité ; à la science, et en avant ! » crie l'Ecclésiaste moderne, c'est-à-dire *Tout le monde*. Et pourtant les cadavres des méchants et des fainéants tombent sur le cœur des autres... Ah ! vite, vite un peu ; là-bas, par-delà la nuit, ces récompenses futures, éternelles... les échappons-nous ?...

— Qu'y puis-je ? Je connais le travail ; et la science est trop lente. Que la prière galope et que la lumière gronde... je le vois bien. C'est trop simple, et il fait trop chaud ; on se passera de moi. J'ai mon devoir, j'en serai fier à la façon de plusieurs, en le mettant de côté.

Ma vie est usée. Allons ! feignons, fainéantons, ô pitié ! Et nous existerons en nous amusant, en rêvant amours monstres et univers fantastiques, en nous plaignant et en querellant les apparences du monde, saltimbanque, mendiant, artiste, bandit, — prêtre ! Sur mon lit d'hôpital, l'odeur de l'encens m'est revenue si puissante ; gardien des aromates sacrés, confesseur, martyr...

Je reconnais là ma sale éducation d'enfance. Puis quoi !... Aller mes vingt ans, si les autres vont vingt ans...

Non ! non ! à présent je me révolte contre la mort ! Le travail paraît trop léger à mon orgueil : ma trahison au monde serait un supplice trop court. Au dernier moment, j'attaquerais à droite, à gauche...

Alors, — oh ! — chère pauvre âme, l'éternité ne serait-elle pas perdue pour nous !

MATIN

N'EUS-JE pas *une fois* une jeunesse aimable, héroïque, fabuleuse, à écrire sur des feuilles d'or, — trop de chance ! Par quel crime, par quelle erreur, ai-je mérité ma faiblesse actuelle ? Vous qui prétendez que des bêtes poussent des sanglots de chagrin, que des malades désespèrent, que des morts rêvent mal, tâchez de raconter ma chute et mon sommeil. Moi, je ne puis pas plus m'expliquer que le mendiant avec ses continuels *Pater* et *Ave Maria*. *Je ne sais plus parler !*

Pourtant, aujourd'hui, je crois avoir fini la relation de mon enfer. C'était bien l'enfer ; l'ancien, celui dont le fils de l'homme ouvrit les portes.

Du même désert, à la même nuit, toujours mes yeux las se réveillent à l'étoile d'argent, toujours, sans que s'émeuvent les Rois de la vie, les trois mages, le cœur, l'âme, l'esprit. Quand irons-nous, par-delà les grèves et les monts, saluer la naissance du travail nouveau, la sagesse nouvelle, la fuite des tyrans et des démons, la fin de la superstition, adorer — les premiers ! — Noël sur la terre !

Le chant des cieux, la marche des peuples ! Esclaves, ne maudissons pas la vie.

ADIEU

L'AUTOMNE déjà ! — Mais pourquoi regretter un éternel soleil, si nous sommes engagés à la découverte de la clarté divine, — loin des gens qui meurent sur les saisons.

L'automne. Notre barque élevée dans les brumes immobiles tourne vers le port de la misère, la cité énorme au ciel taché de feu et de boue. Ah! les haillons pourris, le pain trempé de pluie, l'ivresse, les mille amours qui m'ont crucifié! Elle ne finira donc point cette goule reine de millions d'âmes et de corps morts *et qui seront jugés* ! Je me revois la peau rongée par la boue et la peste, des vers plein les cheveux et les aisselles et encore de plus gros vers dans le cœur, étendu parmi les inconnus sans âge, sans sentiment... J'aurais pu y mourir... L'affreuse évocation! J'exècre la misère.

Et je redoute l'hiver parce que c'est la saison du confort!

— Quelquefois je vois au ciel des plages sans fin couvertes de blanches nations en joie. Un grand vaisseau d'or, au-dessus de moi, agite ses pavillons multicolores sous les brises du matin. J'ai créé toutes les fêtes, tous les triomphes, tous les drames. J'ai essayé d'inventer de nouvelles fleurs, de nouveaux astres, de nouvelles chairs, de nouvelles langues. J'ai cru acquérir des pouvoirs surnaturels. Eh bien! je dois enterrer mon imagination et mes souvenirs! Une belle gloire d'artiste et de conteur emportée!

Moi! moi qui me suis dit mage ou ange, dispensé de toute morale, je suis rendu au sol, avec un devoir à chercher, et la réalité rugueuse à étreindre! Paysan!

Suis-je trompé? la charité serait-elle sœur de la mort, pour moi?

Enfin, je demanderai pardon pour m'être nourri de mensonge. Et allons.

Mais pas une main amie! et où puiser le secours?

———

Oui, l'heure nouvelle est au moins très — sévère.

Car je puis dire que la victoire m'est acquise : les grincements de dents, les sifflements de feu, les soupirs empestés se modèrent. Tous les souvenirs immondes s'effacent. Mes derniers regrets détalent, — des jalousies pour les mendiants, les brigands, les amis de la mort, les arriérés de toutes sortes. — Damnés, si je me vengeais !

Il faut être absolument moderne.

Point de cantiques : tenir le pas gagné. Dure nuit ! le sang séché fume sur ma face, et je n'ai rien derrière moi, que cet horrible arbrisseau !... Le combat spirituel est aussi brutal que la bataille d'hommes ; mais la vision de la justice est le plaisir de Dieu seul.

Cependant c'est la veille. Recevons tous les influx de vigueur et de tendresse réelle. Et à l'aurore, armés d'une ardente patience, nous entrerons aux splendides villes.

Que parlais-je de main amie ! Un bel avantage, c'est que je puis rire des vieilles amours mensongères, et frapper de honte ces couples menteurs, — j'ai vu l'enfer des femmes là-bas ; — et il me sera loisible de *posséder la vérité dans une âme et un corps***.

Avril-août, 1873.

ILLUMINATIONS

APRÈS LE DÉLUGE

Aussitôt après que l'idée du Déluge se fut rassise,

Un lièvre s'arrêta dans les sainfoins et les clochettes mouvantes et dit sa prière à l'arc-en-ciel à travers la toile de l'araignée.

Oh les pierres précieuses qui se cachaient, — les fleurs qui regardaient déjà.

Dans la grande rue sale les étals se dressèrent, et l'on tira les barques vers la mer étagée là-haut comme sur les gravures.

Le sang coula, chez Barbe-Bleue, — aux abattoirs, — dans les cirques, où le sceau de Dieu blêmit les fenêtres. Le sang et le lait coulèrent.

Les castors bâtirent. Les « mazagrans » fumèrent dans les estaminets.

Dans la grande maison de vitres encore ruisselante les enfants en deuil regardèrent les merveilleuses images.

Une porte claqua, et sur la place du hameau, l'enfant tourna ses bras, compris des girouettes et des coqs des clochers de partout, sous l'éclatante giboulée.

Madame*** établit un piano dans les Alpes. La messe et les premières communions se célèbrèrent aux cent mille autels de la cathédrale.

Les caravanes partirent. Et le Splendide Hôtel fut bâti dans le chaos de glaces et de nuits du pôle.

Depuis lors, la Lune entendit les chacals piaulant par les déserts de thym, — et les églogues en sabots grognant dans le verger. Puis, dans la futaie violette, bourgeonnante, Eucharis me dit que c'était le printemps.

— Sourds, étang, — Écume, roule sur le pont et par-dessus les bois; — draps noirs et orgues, — éclairs et tonnerre, — montez et roulez; — Eaux et tristesses, montez et relevez les Déluges.

Car depuis qu'ils se sont dissipés, — oh! les pierres précieuses s'enfouissant, et les fleurs ouvertes! — c'est un ennui! et la Reine, la Sorcière qui allume sa braise dans le pot de terre, ne voudra jamais nous raconter ce qu'elle sait, et que nous ignorons.

ENFANCE

I

CETTE idole, yeux noirs et crin jaune, sans parents ni cour, plus noble que la fable, mexicaine et flamande; son domaine, azur et verdure insolents, court sur des plages nommées par des vagues sans vaisseaux, de noms féroce-ment grecs, slaves, celtiques.

A la lisière de la forêt, — les fleurs de rêve tintent, éclatent, éclairent, — la fille à lèvre d'orange, les genoux croisés dans le clair déluge qui sourd des prés, nudité qu'ombrent, traversent et habillent les arcs-en-ciel, la flore, la mer.

Dames qui tournoient sur les terrasses voisines de la

mer ; enfantes et géantes, superbes, noires dans la mousse vert-de-gris, bijoux debout sur le sol gras des bosquets et des jardinets dégelés, — jeunes mères et grandes sœurs aux regards pleins de pèlerinages, sultanes, princesses de démarche et de costume tyranniques, petites étrangères et personnes doucement malheureuses.

Quel ennui, l'heure du « cher corps » et « cher cœur ».

II

C'est elle, la petite morte, derrière les rosiers. — La jeune maman trépassée descend le perron. — La calèche du cousin crie sur le sable — Le petit frère — (il est aux Indes !) là, devant le couchant, sur le pré d'œillets. — Les vieux qu'on a enterrés tout droits dans le rempart aux giroflées.

L'essaim des feuilles d'or entoure la maison du général. Ils sont dans le midi. — On suit la route rouge pour arriver à l'auberge vide. Le château est à vendre ; les persiennes sont détachées. — Le curé aura emporté la clef de l'église. — Autour du parc, les loges des gardes sont inhabitées. Les palissades sont si hautes qu'on ne voit que les cimes bruissantes. D'ailleurs il n'y a rien à voir là-dedans.

Les prés remontent aux hameaux sans coqs, sans enclumes. L'écluse est levée. O les calvaires et les moulins du désert, les îles et les meules.

Des fleurs magiques bourdonnaient. Les talus *le* berçaient. Des bêtes d'une élégance fabuleuse circulaient. Les nuées s'amassaient sur la haute mer faite d'une éternité de chaudes larmes.

III

Au bois il y a un oiseau, son chant vous arrête et vous fait rougir.

Il y a une horloge qui ne sonne pas.

Il y a une fondrière avec un nid de bêtes blanches.

Il y a une cathédrale qui descend et un lac qui monte.

Il y a une petite voiture abandonnée dans le taillis, ou qui descend le sentier en courant, enrubannée.

Il y a une troupe de petits comédiens en costumes, aperçus sur la route à travers la lisière du bois.

Il y a enfin, quand l'on a faim et soif, quelqu'un qui vous chasse.

IV

Je suis le saint, en prière sur la terrasse, — comme les bêtes pacifiques paissent jusqu'à la mer de Palestine.

Je suis le savant au fauteuil sombre. Les branches et la pluie se jettent à la croisée de la bibliothèque.

Je suis le piéton de la grand'route par les bois nains ; la rumeur des écluses couvre mes pas. Je vois longtemps la mélancolique lessive d'or du couchant.

Je serais bien l'enfant abandonné sur la jetée partie à la haute mer, le petit valet, suivant l'allée dont le front touche le ciel

Les sentiers sont âpres. Les monticules se couvrent de genêts. L'air est immobile. Que les oiseaux et les sources sont loin ! Ce ne peut être que la fin du monde, en avançant.

V

Qu'on me loue enfin ce tombeau, blanchi à la chaux avec les lignes du ciment en relief — très loin sous terre.

Je m'accoude à la table, la lampe éclaire très vivement ces journaux que je suis idiot de relire, ces livres sans intérêt.

A une distance énorme au-dessus de mon salon souterrain, les maisons s'implantent, les brumes s'assemblent. La boue est rouge ou noire. Ville monstrueuse, nuit sans fin !

Moins haut, sont des égouts. Aux côtés, rien que l'épaisseur du globe. Peut-être les gouffres d'azur, des puits de feu. C'est peut-être sur ces plans que se rencontrent lunes et comètes, mers et fables.

Aux heures d'amertume je m'imagine des boules de saphir, de métal. Je suis maître du silence. Pourquoi une apparence de soupirail blêmirait-elle au coin de la voûte ?

CONTE

Un Prince était vexé de ne s'être employé jamais qu'à la perfection des générosités vulgaires. Il prévoyait d'étonnantes révolutions de l'amour, et soupçonnait ses femmes de pouvoir mieux que cette complaisance agrémentée de ciel et de luxe. Il voulait voir la vérité, l'heure du désir et de la satisfaction essentiels. Que ce fût ou non une aberration de piété, il voulut. Il possédait au moins un assez large pouvoir humain.

Toutes les femmes qui l'avaient connu furent assassinées. Quel saccage du jardin de la beauté ! Sous le sabre, elles le bénirent. Il n'en commanda point de nouvelles. — Les femmes réapparurent.

Il tua tous ceux qui le suivaient, après la chasse ou les libations. — Tous le suivaient.

Il s'amusa à égorger les bêtes de luxe. Il fit flamber les palais. Il se ruait sur les gens et les taillait en pièces. — La foule, les toits d'or, les belles bêtes existaient encore.

Peut-on s'extasier dans la destruction, se rajeunir par la cruauté! Le peuple ne murmura pas. Personne n'offrit le concours de ses vues.

Un soir il galopait fièrement. Un Génie apparut, d'une beauté ineffable, inavouable même. De sa physionomie et de son maintien ressortait la promesse d'un amour multiple et complexe! d'un bonheur indicible, insupportable même! Le Prince et le Génie s'anéantirent probablement dans la santé essentielle. Comment n'auraient-ils pas pu en mourir? Ensemble donc ils moururent.

Mais ce Prince décéda, dans son palais, à un âge ordinaire. Le prince était le Génie. Le Génie était le Prince.

La musique savante manque à notre désir.

PARADE

DES drôles très solides. Plusieurs ont exploité vos mondes. Sans besoins, et peu pressés de mettre en œuvre leurs brillantes facultés et leur expérience de vos consciences. Quels hommes mûrs! Des yeux hébétés à la façon de la nuit d'été, rouges et noirs, tricolores, d'acier piqué d'étoiles d'or; des facies déformés, plombés, blêmis, incendiés; des enrouements folâtres! La démarche cruelle des oripeaux! — Il y a quelques jeunes, — comment regarderaient-ils Chérubin? — pourvus de voix effrayantes et de quelques ressources dangereuses. On les envoie prendre du dos en ville, affublés d'un *luxe* dégoûtant.

Ô le plus violent Paradis de la grimace enragée! Pas de comparaison avec vos Fakirs et les autres bouffonneries scéniques. Dans des costumes improvisés avec le goût du mauvais rêve ils jouent des complaintes, des tragédies de malandrins et de demi-dieux spirituels comme l'histoire ou les religions ne l'ont jamais été. Chinois, Hottentots, bohémiens, niais, hyènes, Molochs, vieilles démences, démons sinistres, ils mêlent les tours populaires, maternels, avec les poses et les tendresses bestiales. Ils interpréteraient des pièces nouvelles et des chansons « bonnes filles ». Maîtres jongleurs, ils transforment le lieu et les personnes et usent de la comédie magnétique. Les yeux flambent, le sang chante, les os s'élargissent, les larmes et des filets rouges ruissellent. Leur raillerie ou leur terreur dure une minute, ou des mois entiers.

J'ai seul la clef de cette parade sauvage.

ANTIQUE

GRACIEUX fils de Pan! Autour de ton front couronné de fleurettes et de baies tes yeux, des boules précieuses, remuent. Tachées de lies brunes, tes joues se creusent. Tes crocs luisent. Ta poitrine ressemble à une cithare, des tintements circulent dans tes bras blonds. Ton cœur bat dans ce ventre où dort le double sexe. Promène-toi, la nuit, en mouvant doucement cette cuisse, cette seconde cuisse et cette jambe de gauche.

BEING BEAUTEOUS

DEVANT une neige un Être de Beauté de haute taille. Des sifflements de mort et des cercles de musique sourde font monter, s'élargir et trembler comme un spectre ce corps adoré ; des blessures écarlates et noires éclatent dans les chairs superbes. Les couleurs propres de la vie se foncent, dansent, et se dégagent autour de la Vision, sur le chantier. Et les frissons s'élèvent et grondent, et la saveur forcenée de ces effets se chargeant avec les sifflements mortels et les rauques musiques que le monde, loin derrière nous, lance sur notre mère de beauté, — elle recule, elle se dresse. Oh ! nos os sont revêtus d'un nouveau corps amoureux.

****

Ô la face cendrée, l'écusson de crin, les bras de cristal ! Le canon sur lequel je dois m'abattre à travers la mêlée des arbres et de l'air léger !

VIES

I

Ô LES énormes avenues du pays saint, les terrasses du temple ! Qu'a-t-on fait du brahmane qui m'expliqua les Proverbes ? D'alors, de là-bas, je vois encore même les vieilles ! Je me souviens des heures d'argent et de soleil vers les fleuves, la main de la campagne** sur mon épaule, et de nos caresses debout dans les plaines poivrées. — Un envol de pigeons écarlates tonne autour de ma pensée — Exilé ici j'ai eu une scène où jouer les chefs-d'œuvre dramatiques de toutes les littératures. Je vous indiquerais les richesses inouïes. J'observe l'histoire des trésors que vous trouvâtes. Je vois la suite ! Ma sagesse est aussi dédaignée que le chaos. Qu'est mon néant, auprès de la stupeur qui vous attend ?

II

Je suis un inventeur bien autrement méritant que tous ceux qui m'ont précédé ; un musicien même, qui ai trouvé quelque chose comme la clef de l'amour. A présent, gentilhomme d'une campagne aigre au ciel sobre, j'essaye de m'émouvoir au souvenir de l'enfance mendiante, de l'apprentissage ou de l'arrivée en sabots, des polémiques, des cinq ou six veuvages, et quelques noces où ma forte tête m'empêcha de monter au diapason des camarades. Je ne regrette pas ma vieille part de gaîté divine : l'air sobre de cette aigre campagne alimente fort activement mon atroce scepticisme. Mais comme ce scepticisme ne peut désormais être mis en œuvre, et que d'ailleurs je suis dévoué à un trouble nouveau, — j'attends de devenir un très méchant fou.

III

Dans un grenier où je fus enfermé à douze ans j'ai connu le monde, j'ai illustré la comédie humaine. Dans un cellier j'ai appris l'histoire. A quelque fête de nuit dans une cité du Nord j'ai rencontré toutes les femmes des anciens peintres. Dans un vieux passage à Paris on m'a enseigné les sciences classiques. Dans une magnifique demeure cernée par l'Orient entier j'ai accompli mon immense œuvre et passé mon illustre retraite. J'ai brassé mon sang. Mon devoir m'est remis. Il ne faut même plus songer à cela. Je suis réellement d'outre-tombe, et pas de commissions.

DÉPART

Assez vu. La vision s'est rencontrée à tous les airs.

Assez eu. Rumeurs des villes, le soir, et au soleil, et toujours.

Assez connu. Les arrêts de la vie. — Ô Rumeurs et Visions !

Départ dans l'affection et le bruit neufs !

ROYAUTÉ

Un beau matin, chez un peuple fort doux, un homme et une femme superbes criaient sur la place publique. « Mes amis, je veux qu'elle soit reine ! » « Je veux être reine ! » Elle riait et tremblait. Il parlait aux amis de révélation, d'épreuve terminée. Ils se pâmaient l'un contre l'autre.

En effet ils furent rois toute une matinée où les tentures carminées se relevèrent sur les maisons, et toute l'après-midi, où ils s'avancèrent du côté des jardins de palmes.

A UNE RAISON

Un coup de ton doigt sur le tambour décharge tous les sons et commence la nouvelle harmonie.

Un pas de toi c'est la levée des nouveaux hommes et leur en marche.

Ta tête se détourne : le nouvel amour !

Ta tête se retourne — le nouvel amour !

« Change nos lots, crible les fléaux, à commencer par le temps », te chantent ces enfants. « Élève n'importe où la substance de nos fortunes et de nos vœux » on t'en prie.

Arrivée de toujours, qui t'en iras partout.

MATINÉE D'IVRESSE

Ô *mon* Bien ! Ô *mon* Beau ! Fanfare atroce où je ne trébuche point ! chevalet** féerique ! Hourra pour l'œuvre inouïe et pour le corps merveilleux, pour la première fois ! Cela commença sous les rires des enfants, cela finira par eux. Ce poison va rester dans toutes nos veines même quand, la fanfare tournant, nous serons rendus à l'ancienne inharmonie. Ô maintenant ! nous si digne de ces tortures ! rassemblons fervemment cette promesse surhumaine faite à notre corps et à notre âme créés : cette promesse, cette démence ! L'élégance, la science, la violence ! On nous a promis d'enterrer dans l'ombre l'arbre du bien et du mal, de déporter les honnêtetés tyranniques, afin que nous amenions notre très pur amour. Cela commença par quelques dégoûts et cela finit, — ne pouvant nous saisir sur-le-champ de cette éternité, — cela finit par une débandade de parfums.

Rire des enfants, discrétion des esclaves, austérité des vierges, horreur des figures et des objets d'ici, sacrés soyez-vous par le souvenir de cette veille. Cela commençait par toute la rustrerie, voici que cela finit par des anges de flamme et de glace.

Petite veille d'ivresse, sainte ! quand ce ne serait que pour le masque dont tu nous as gratifié. Nous t'affirmons, méthode ! Nous n'oublions pas que tu as glorifié hier chacun de nos âges. Nous avons foi au poison. Nous savons donner notre vie tout entière tous les jours.

Voici le temps des *Assassins****.

PHRASES

QUAND le monde sera réduit en un seul bois noir pour nos quatre yeux étonnés, — en une plage pour deux enfants fidèles, — en une maison musicale pour notre claire sympathie, — je vous trouverai.

Qu'il n'y ait ici-bas qu'un vieillard seul, calme et beau, entouré d'un « luxe inouï », — et je suis à vos genoux.

Que j'aie réalisé tous vos souvenirs, — que je sois celle qui sait vous garrotter, — je vous étoufferai.

———

— Quand nous sommes très forts, — qui recule ? très gais, qui tombe de ridicule ? Quand nous sommes très méchants, que ferait-on de nous.

Parez-vous, dansez, riez — Je ne pourrai jamais envoyer l'Amour par la fenêtre.

———

— Ma camarade, mendiante, enfant monstre ! comme ça t'est égal, ces malheureuses et ces manœuvres, et mes embarras. Attache-toi à nous avec ta voix impossible, ta voix ! unique flatteur de ce vil désespoir.

Une matinée couverte, en Juillet. Un goût de cendres vole dans l'air ; — une odeur de bois suant dans l'âtre, — les fleurs rouies, — le saccage des promenades, — la bruine des canaux par les champs — pourquoi pas déjà les joujoux et l'encens ?

***

J'ai tendu des cordes de clocher à clocher; des guir-
landes de fenêtre à fenêtre; des chaînes d'or d'étoile à
étoile, et je danse.

***

Le haut étang fume continuellement. Quelle sorcière va
se dresser sur le couchant blanc? Quelles violettes frondai-
sons vont descendre?

***

Pendant que les fonds publics s'écoulent en fêtes de
fraternité, il sonne une cloche de feu rose dans les nuages.

***

Avivant un agréable goût d'encre de Chine, une poudre
noire pleut doucement sur ma veillée. — Je baisse les feux
du lustre, je me jette sur le lit, et tourné du côté de
l'ombre, je vous vois, mes filles! mes reines!

OUVRIERS

Ô CETTE chaude matinée de février. Le Sud inopportun
vint relever nos souvenirs d'indigents absurdes, notre
jeune misère.

Henrika avait une jupe de coton à carreau blanc et brun,
qui a dû être portée au siècle dernier, un bonnet à rubans,

et un foulard de soie. C'était bien plus triste qu'un deuil. Nous faisions un tour dans la banlieue. Le temps était couvert, et ce vent du Sud excitait toutes les vilaines odeurs des jardins ravagés et des prés desséchés.

Cela ne devait pas fatiguer ma femme au même point que moi. Dans une flache laissée par l'inondation du mois précédent à un sentier assez haut elle me fit remarquer de très petits poissons.

La ville, avec sa fumée et ses bruits de métiers, nous suivait très loin dans les chemins. Ô l'autre monde, l'habitation bénie par le ciel et les ombrages! Le sud me rappelait les misérables incidents de mon enfance, mes désespoirs d'été, l'horrible quantité de force et de science que le sort a toujours éloignée de moi. Non! nous ne passerons pas l'été dans cet avare pays où nous ne serons jamais que des orphelins fiancés. Je veux que ce bras durci ne traîne plus *une chère image*.

LES PONTS

Des ciels gris de cristal. Un bizarre dessin de ponts, ceux-ci droits, ceux-là bombés, d'autres descendant ou obliquant en angles sur les premiers, et ces figures se renouvelant dans les autres circuits éclairés du canal, mais tous tellement longs et légers que les rives chargées de dômes s'abaissent et s'amoindrissent. Quelques-uns de ces ponts sont encore chargés de masures. D'autres soutiennent des mâts, des signaux, de frêles parapets. Des accords mineurs se croisent, et filent, des cordes montent des berges. On distingue une veste rouge, peut-être d'autres costumes et des instruments de musique. Sont-ce des airs populaires, des bouts de concerts seigneuriaux, des restants d'hymnes publics ? L'eau est grise et bleue, large comme un bras de mer. — Un rayon blanc, tombant du haut du ciel, anéantit cette comédie.

VILLE

JE suis un éphémère et point trop mécontent citoyen d'une métropole crue moderne parce que tout goût connu a été éludé dans les ameublements et l'extérieur des maisons aussi bien que dans le plan de la ville. Ici vous ne signaleriez les traces d'aucun monument de superstition. La morale et la langue sont réduites à leur plus simple expression, enfin ! Ces millions de gens qui n'ont pas besoin de se connaître amènent** si pareillement l'éducation, le métier et la vieillesse, que ce cours de vie doit être plusieurs fois moins long que ce qu'une statistique folle trouve pour les peuples du continent. Aussi comme, de ma fenêtre, je vois des spectres nouveaux roulant à travers l'épaisse et éternelle fumée de charbon, — notre ombre des bois, notre nuit d'été ! — des Érynnies*** nouvelles, devant mon cottage qui est ma patrie et tout mon cœur puisque tout ici ressemble à ceci, — la Mort sans pleurs, notre active fille et servante, un Amour désespéré, et un joli Crime piaulant dans la boue de la rue.

ORNIÈRES

A DROITE l'aube d'été éveille les feuilles et les vapeurs et les bruits de ce coin du parc, et les talus de gauche tiennent dans leur ombre violette les mille rapides ornières de la route humide. Défilé de féeries. En effet : des chars chargés d'animaux de bois doré, de mâts et de toiles bariolées, au grand galop de vingt chevaux de cirque tachetés, et les enfants et les hommes sur leurs bêtes les plus étonnantes ; — vingt véhicules, bossés, pavoisés et fleuris comme des carrosses anciens ou de contes, pleins d'enfants attifés pour une pastorale suburbaine. — Même des cercueils sous leur dais de nuit dressant les panaches d'ébène, filant au trot des grandes juments bleues et noires.

VILLES

Ce sont des villes ! C'est un peuple pour qui se sont montés ces Alleghanys et ces Libans de rêve ! Des chalets de cristal et de bois qui se meuvent sur des rails et des poulies invisibles. Les vieux cratères ceints de colosses et de palmiers de cuivre rugissent mélodieusement dans les feux. Des fêtes amoureuses sonnent sur les canaux pendus derrière les chalets. La chasse des carillons crie dans les gorges. Des corporations de chanteurs géants accourent dans des vêtements et des oriflammes éclatants comme la lumière des cimes. Sur les plate-formes au milieu des gouffres les Rolands sonnent leur bravoure. Sur les passerelles de l'abîme et les toits des auberges l'ardeur du ciel pavoise les mâts. L'écroulement des apothéoses rejoint les champs des hauteurs où les centauresses séraphiques évoluent parmi les avalanches. Au-dessus du niveau des plus hautes crêtes une mer troublée par la naissance éternelle de Vénus, chargée de flottes orphéoniques et de la rumeur des perles et des conques précieuses, — la mer s'assombrit parfois avec des éclats mortels. Sur les versants des moissons de fleurs grandes comme nos armes et nos coupes, mugissent. Des cortèges de Mabs en robes rousses, opalines, montent des ravines. Là-haut, les pieds dans la cascade et les ronces, les cerfs tètent Diane. Les Bacchantes des banlieues sanglotent et la lune brûle et hurle. Vénus entre dans les cavernes des forgerons et des ermites. Des groupes de beffrois chantent les idées des peuples. Des châteaux bâtis en os sort la musique inconnue. Toutes les légendes évoluent et les élans se ruent dans les bourgs. Le paradis des orages s'effondre. Les sauvages dansent sans cesse la fête de la nuit. En une heure je suis descendu dans le mouvement d'un boulevard de Bagdad où des compagnies ont chanté la joie du travail nouveau, sous une brise épaisse, circulant sans pouvoir éluder les fabuleux fantômes des monts où l'on a dû se retrouver.

Quels bons bras, quelle belle heure me rendront cette région d'où viennent mes sommeils et mes moindres mouvements ?

VAGABONDS

PITOYABLE frère ! Que d'atroces veillées je lui dus ! « Je ne me saisissais pas fervemment de cette entreprise. Je m'étais joué de son infirmité. Par ma faute nous retournerions en exil, en esclavage. » Il me supposait un guignon et une innocence très bizarres, et il ajoutait des raisons inquiétantes.

Je répondais en ricanant à ce satanique docteur, et finissais par gagner la fenêtre. Je créais, par delà la campagne traversée par des bandes de musique rare, les fantômes du futur luxe nocturne.

Après cette distraction vaguement hygiénique, je m'étendais sur une paillasse. Et, presque chaque nuit, aussitôt endormi, le pauvre frère se levait, la bouche pourrie, les yeux arrachés, — tel qu'il se rêvait ! — et me tirait dans la salle en hurlant son songe de chagrin idiot.

J'avais en effet, en toute sincérité d'esprit, pris l'engagement de le rendre à son état primitif de fils du soleil, — et nous errions, nourris du vin des cavernes et du biscuit de la route, moi pressé de trouver le lieu et la formule.

VILLES

L'ACROPOLE officielle outre les conceptions de la barbarie moderne les plus colossales. Impossible d'exprimer le jour mat produit par ce ciel immuablement gris, l'éclat impérial des bâtisses, et la neige éternelle du sol. On a reproduit dans un goût d'énormité singulier toutes les merveilles classiques de l'architecture. J'assiste à des expositions de peinture dans des locaux vingt fois plus vastes qu'Hampton-Court. Quelle peinture ! Un Nabuchodonosor norwégien a fait construire les escaliers des ministères ; les subalternes que j'ai pu voir sont déjà plus fiers que des Brahmas** et j'ai tremblé à l'aspect des gardiens de colosses et officiers de constructions. Par le groupement des bâtiments en square, cours et terrasses fermées, on a évincé les cochers. Les parcs représentent la nature primitive travaillée par un art superbe. Le haut quartier a des parties inexplicables : un bras de mer, sans bateaux, roule sa nappe de grésil bleu entre des quais chargés de candélabres géants. Un pont court conduit à une poterne immédiatement sous le dôme de la Sainte-Chapelle. Ce dôme est une armature d'acier artistique de quinze mille pieds de diamètre environ.

Sur quelques points des passerelles de cuivre, des plates-formes, des escaliers qui contournent les halles et les piliers, j'ai cru pouvoir juger la profondeur de la ville ! C'est le prodige dont je n'ai pu me rendre compte : quels sont les niveaux des autres quartiers sur ou sous l'acropole ? Pour l'étranger de notre temps la reconnaissance est impossible. Le quartier commerçant est un circus d'un seul style, avec galeries à arcades. On ne voit pas de boutiques, mais la neige de la chaussée est écrasée ; quelques nababs aussi rares que les promeneurs d'un matin de dimanche à Londres, se dirigent vers une diligence de diamants. Quelques divans de velours rouge : on sert des boissons polaires dont le prix varie de huit cents à huit mille roupies. A l'idée de chercher des théâtres sur ce circus, je me réponds que les boutiques doivent contenir des drames assez sombres. Je pense qu'il y a une police, mais la loi doit être tellement étrange, que je renonce à me faire une idée des aventuriers d'ici.

Le faubourg aussi élégant qu'une belle rue de Paris est favorisé d'un air de lumière. L'élément démocratique compte quelques cents*** âmes. Là encore les maisons ne se suivent pas ; le faubourg se perd bizarrement dans la campagne, le « Comté » qui remplit l'occident éternel des forêts et des plantations prodigieuses où les gentilshommes sauvages chassent leurs chroniques sous la lumière qu'on a créée.

VEILLÉES

I

C'EST le repos éclairé, ni fièvre ni langueur, sur le lit ou sur le pré.

C'est l'ami ni ardent ni faible. L'ami.
C'est l'aimée ni tourmentante ni tourmentée. L'aimée.
L'air et le monde point cherchés. La vie.
— Était-ce donc ceci ?
— Et le rêve fraîchit.

II

L'éclairage revient à l'arbre de bâtisse. Des deux extré-mités de la salle, décors quelconques, des élévations har-moniques se joignent. La muraille en face du veilleur est une succession psychologique de coupes de frises, de bandes atmosphériques et d'accidences géologiques. — Rêve intense et rapide de groupes sentimentaux avec des êtres de tous les caractères parmi toutes les apparences.

III

Les lampes et les tapis de la veillée font le bruit des vagues, la nuit, le long de la coque et autour du steerage**.
La mer de la veillée, telle que les seins d'Amélie.
Les tapisseries, jusqu'à mi-hauteur, des taillis de den-telle, teinte d'émeraude, où se jettent les tourterelles de la veillée.

....

La plaque du foyer noir, de réels soleils des grèves : ah ! puits des magies ; seule vue d'aurore, cette fois.

MYSTIQUE

Sur la pente du talus les anges tournent leurs robes de laine dans les herbages d'acier et d'émeraude.

Des prés de flammes bondissent jusqu'au sommet du mamelon. A gauche le terreau de l'arête est piétiné par tous les homicides et toutes les batailles, et tous les bruits désastreux filent leur courbe. Derrière l'arête de droite la ligne des orients, des progrès.

Et tandis que la bande en haut du tableau est formée de la rumeur tournante et bondissante des conques des mers et des nuits humaines,

La douceur fleurie des étoiles et du ciel et du reste descend en face du talus, comme un panier, contre notre face et fait l'abîme fleurant et bleu là-dessous.

AUBE

J'ai embrassé l'aube d'été.

Rien ne bougeait encore au front des palais. L'eau était morte. Les camps d'ombres ne quittaient pas la route du bois. J'ai marché, réveillant les haleines vives et tièdes, et les pierreries regardèrent, et les ailes se levèrent sans bruit.

La première entreprise fut, dans le sentier déjà empli de frais et blêmes éclats, une fleur qui me dit son nom.

Je ris au wasserfall** blond qui s'échevela à travers les sapins : à la cime argentée je reconnus la déesse.

Alors je levai un à un les voiles. Dans l'allée, en agitant les bras. Par la plaine, où je l'ai dénoncée au coq. A la grand'ville elle fuyait parmi les clochers et les dômes, et courant comme un mendiant sur les quais de marbre, je la chassais.

En haut de la route, près d'un bois de lauriers, je l'ai entourée avec ses voiles amassés, et j'ai senti un peu son immense corps. L'aube et l'enfant tombèrent au bas du bois.

Au réveil il était midi.

FLEURS

D'UN gradin d'or, — parmi les cordons de soie, les gazes grises, les velours verts et les disques de cristal qui noircissent comme du bronze au soleil, — je vois la digitale s'ouvrir sur un tapis de filigranes d'argent, d'yeux et de chevelures.

Des pièces d'or jaune semées sur l'agate, des piliers d'acajou supportant un dôme d'émeraudes, des bouquets de satin blanc et de fines verges de rubis entourent la rose d'eau.

Tels qu'un dieu aux énormes yeux bleus et aux formes de neige, la mer et le ciel attirent aux terrasses de marbre la foule des jeunes et fortes roses.

NOCTURNE VULGAIRE

UN souffle ouvre des brèches opéradiques dans les cloisons, — brouille le pivotement des toits rongés, — disperse les limites des foyers, — éclipse les croisées. — Le long de la vigne, m'étant appuyé du pied à une gargouille, — je suis descendu dans ce carrosse dont l'époque est assez indiquée par les glaces convexes, les panneaux bombés et les sophas contournés — Corbillard de mon sommeil, isolé, maison de berger de ma niaiserie, le véhicule vire sur le gazon de la grande route effacée : et dans un défaut en haut de la glace de droite tournoient les blêmes figures lunaires, feuilles, seins. — Un vert et un bleu très foncés envahissent l'image. Dételage aux environs d'une tache de gravier.

— Ici, va-t-on siffler pour l'orage, et les Sodomes — et les Solymes**, — et les bêtes féroces et les armées.

— (Postillon et bêtes de songe reprendront-ils sous les plus suffocantes futaies, pour m'enfoncer jusqu'aux yeux dans la source de soie.)

— Et nous envoyer, fouettés à travers les eaux clapotantes et les boissons répandues, rouler sur l'aboi des dogues...

— Un souffle disperse les limites du foyer.

MARINE

Les chars d'argent et de cuivre —

Les proues d'acier et d'argent —

Battent l'écume, —

Soulèvent les souches des ronces —

Les courants de la lande,

Et les ornières immenses du reflux,

Filent circulairement vers l'est,

Vers les piliers de la forêt, —

Vers les fûts de la jetée,

Dont l'angle est heurté par des

Tourbillons de lumière.

FÊTE D'HIVER

LA cascade sonne derrière les huttes d'opéra-comique. Des girandoles prolongent, dans les vergers et les allées voisins du Méandre, — les verts et les rouges du couchant. Nymphes d'Horace coiffées au Premier Empire, — Rondes Sibériennes, Chinoises de Boucher.

ANGOISSE

SE peut-il qu'Elle me fasse pardonner les ambitions continuellement écrasées, — qu'une fin aisée répare les âges d'indigence, — qu'un jour de succès nous endorme sur la honte de notre inhabileté fatale,

(Ô palmes! diamant! — Amour, force! — plus haut que toutes joies et gloires! — de toutes façons, partout, — Démon, dieu, — Jeunesse de cet être-ci; moi!)

Que des accidents de féerie scientifique et des mouvements de fraternité sociale soient chéris comme restitution progressive de la franchise première?...

Mais la Vampire qui nous rend gentils commande que nous nous amusions avec ce qu'elle nous laisse, ou qu'autrement nous soyons plus drôles.

Rouler aux blessures, par l'air lassant et la mer; aux supplices, par le silence des eaux et de l'air meurtriers; aux tortures qui rient, dans leur silence atrocement houleux.

MÉTROPOLITAIN

DU détroit d'indigo aux mers d'Ossian, sur le sable rose et orange qu'a lavé le ciel vineux viennent de monter et de se croiser des boulevards de cristal habités incontinent par de jeunes familles pauvres qui s'alimentent chez les fruitiers. Rien de riche. — La ville!

Du désert de bitume fuient droit en déroute avec les nappes de brumes échelonnées en bandes affreuses au ciel qui se recourbe, se recule et descend, formé de la plus sinistre fumée noire que puisse faire l'Océan en deuil, les casques, les roues, les barques, les croupes. — La bataille!

Lève la tête : ce pont de bois, arqué; les derniers potagers de Samarie**; ces masques enluminés sous la lanterne fouettée par la nuit froide; l'ondine niaise à la robe bruyante, au bas de la rivière; les crânes lumineux dans les plans de pois — et les autres fantasmagories — La campagne.

Des routes bordées de grilles et de murs, contenant à peine leurs bosquets, et les atroces fleurs qu'on appellerait cœurs et sœurs, Damas damnant de langueur, — possessions de féeriques aristocraties ultra-Rhénanes, Japonaises, Guaranies***, propres encore à recevoir la musique des anciens — et il y a des auberges qui pour toujours n'ouvrent déjà plus — il y a des princesses, et si tu n'es pas trop accablé, l'étude des astres — Le ciel.

Le matin où avec Elle, vous vous débattîtes parmi les éclats de neige, ces lèvres vertes, les glaces, les drapeaux noirs et les rayons bleus, et les parfums pourpres du soleil des pôles, — ta force.

BARBARE

BIEN après les jours et les saisons, et les êtres et les pays,

Le pavillon en viande saignante sur la soie des mers et des fleurs arctiques; (elles n'existent pas.)

Remis des vieilles fanfares d'héroïsme — qui nous attaquent encore le cœur et la tête — loin des anciens assassins —

— Oh! Le pavillon en viande saignante sur la soie des mers et des fleurs arctiques; (elles n'existent pas)

Douceurs!

Les brasiers, pleuvant aux rafales de givre, — Douceurs! — les feux à la pluie du vent de diamants jetée par le cœur terrestre éternellement carbonisé pour nous. — Ô monde! —

(Loin des vieilles retraites et des vieilles flammes, qu'on entend, qu'on sent,)

Les brasiers et les écumes. La musique, virement des gouffres et choc des glaçons aux astres.

Ô Douceurs, ô monde, ô musique! Et là, les formes, les sueurs, les chevelures et les yeux, flottant. Et les larmes blanches, bouillantes, — ô douceurs! — et la voix féminine arrivée au fond des volcans et des grottes arctiques.

Le pavillon.....

PROMONTOIRE

L'AUBE d'or et la soirée frissonnante trouvent notre brick en large en face de cette villa et de ses dépendances, qui forment un promontoire aussi étendu que l'Épire et le Péloponnèse, ou que la grande île du Japon, ou que l'Arabie! Des fanums** qu'éclaire la rentrée des théories***, d'immenses vues de la défense des côtes modernes; des dunes illustrées de chaudes fleurs et de bacchanales; de grands canaux de Carthage et des Embankments**** d'une Venise louche; de molles éruptions d'Etnas et des crevasses de fleurs et d'eaux des glaciers ; des lavoirs entourés de peupliers d'Allemagne ; des talus de parcs singuliers penchant des têtes d'Arbre du Japon ; les façades circulaires des « Royal » ou des « Grand » de Scarbro' et de Brooklyn ; et leurs railways flanquent, creusent, surplombent les dispositions de cet Hôtel, choisies dans l'histoire des plus élégantes et des plus colossales constructions de l'Italie, de l'Amérique et de l'Asie, dont les fenêtres et les terrasses à présent pleines d'éclairages, de boissons et de brises riches, sont ouvertes à l'esprit des voyageurs et des nobles — qui permettent, aux heures du jour, à toutes les tarentelles des côtes, — et même aux ritournelles des vallées illustres de l'art, de décorer merveilleusement les façades du Palais-Promontoire.

SCÈNES

L'ANCIENNE Comédie poursuit ses accords et divise ses Idylles :

Des boulevards de tréteaux.

Un long pier** en bois d'un bout à l'autre d'un champ rocailleux où la foule barbare évolue sous les arbres dépouillés.

Dans des corridors de gaze noire suivant le pas des promeneurs aux lanternes et aux feuilles.

Des oiseaux des mystères s'abattent sur un ponton de maçonnerie mû par l'archipel couvert des embarcations des spectateurs.

Des scènes lyriques accompagnées de flûte et de tambour s'inclinent dans des réduits ménagés sous les plafonds, autour des salons de clubs modernes ou des salles de l'Orient ancien.

La féerie manœuvre au sommet d'un amphithéâtre couronné par les taillis, — Ou s'agite et module pour les Béotiens, dans l'ombre des futaies mouvantes sur l'arête des cultures.

L'opéra-comique se divise sur notre scène à l'arête d'intersection de dix cloisons dressées de la galerie aux feux.

SOIR HISTORIQUE

En quelque soir, par exemple, que se trouve le touriste naïf, retiré de nos horreurs économiques, la main d'un maître anime le clavecin des prés ; on joue aux cartes au fond de l'étang, miroir évocateur des reines et des mignonnes, on a les saintes, les voiles, et les fils d'harmonie, et les chromatismes légendaires, sur le couchant.

Il frissonne au passage des chasses et des hordes. La comédie goutte sur les tréteaux de gazon. Et l'embarras des pauvres et des faibles sur ces plans stupides !

A sa vision esclave, — l'Allemagne s'échafaude vers des lunes ; les déserts tartares s'éclairent — les révoltes anciennes grouillent dans le centre du Céleste Empire ; par les escaliers et les fauteuils de rois, un petit monde blême et plat, Afrique et Occidents, va s'édifier. Puis un ballet de mers et de nuits connues, une chimie sans valeur, et des mélodies impossibles.

La même magie bourgeoise à tous les points où la malle nous déposera ! Le plus élémentaire physicien sent qu'il n'est plus possible de se soumettre à cette atmosphère personnelle, brume de remords physiques, dont la constatation est déjà une affliction.

Non ! — Le moment de l'étuve, des mers enlevées, des embrasements souterrains, de la planète emportée, et des exterminations conséquentes, certitudes si peu malignement indiquées dans la Bible et par les Nornes** et qu'il sera donné à l'être sérieux de surveiller. — Cependant ce ne sera point un effet de légende !

BOTTOM

La réalité étant trop épineuse pour mon grand caractère, — je me trouvai néanmoins chez ma dame, en gros oiseau gris bleu s'essorant vers les moulures du plafond et traînant l'aile dans les ombres de la soirée.

Je fus, au pied du baldaquin supportant ses bijoux adorés et ses chefs-d'œuvre physiques, un gros ours aux gencives violettes et au poil chenu de chagrin, les yeux aux cristaux et aux argents des consoles.

Tout se fit ombre et aquarium ardent.

Au matin, — aube de juin batailleuse, — je courus aux champs, âne, claironnant et brandissant mon grief, jusqu'à ce que les Sabines de la banlieue vinrent se jeter à mon poitrail.

H

Toutes les monstruosités violent les gestes atroces d'Hortense. Sa solitude est la mécanique érotique, sa lassitude, la dynamique amoureuse. Sous la surveillance d'une enfance elle a été, à des époques nombreuses, l'ardente hygiène des races. Sa porte est ouverte à la misère. Là, la moralité des êtres actuels se décorpore en sa passion ou en son action. — Ô terrible frisson des amours novices, sur le sol sanglant et par l'hydrogène clarteux! trouvez Hortense**.

MOUVEMENT

LE mouvement de lacet sur la berge des chutes du fleuve,
Le gouffre à l'étambot**,
La célérité de la rampe,
L'énorme passade du courant
Mènent par les lumières inouïes
Et la nouveauté chimique
Les voyageurs entourés des trombes du val
Et du strom.

Ce sont les conquérants du monde
Cherchant la fortune chimique personnelle;
Le sport et le confort voyagent avec eux;
Ils emmènent l'éducation
Des races, des classes et des bêtes, sur ce Vaisseau
Repos et vertige
A la lumière diluvienne,
Aux terribles soirs d'étude.

Car de la causerie parmi les appareils, — le sang,
      les fleurs, le feu, les bijoux —
Des comptes agités à ce bord fuyard,
— On voit, roulant comme une digue au-delà de la
      route hydraulique motrice,
Monstrueux, s'éclairant sans fin, — leur stock d'études;

Eux chassés dans l'extase harmonique,
Et l'héroïsme de la découverte.

Aux accidents atmosphériques les plus surprenants
Un couple de jeunesse s'isole sur l'arche,
— Est-ce ancienne sauvagerie qu'on pardonne ? —
Et chante et se poste.

DÉVOTION

A MA sœur Louise Vanaen de Voringhem : — Sa cornette bleue tournée à la mer du Nord. — Pour les naufragés.

A ma sœur Léonie Aubois d'Ashby**. Baou — l'herbe d'été bourdonnante et puante. — Pour la fièvre des mères et des enfants.

A Lulu, — démon — qui a conservé un goût pour les oratoires du temps des Amies et de son éducation incomplète. Pour les hommes ! — A madame***.

A l'adolescent que je fus. A ce saint vieillard, ermitage ou mission.

A l'esprit des pauvres. Et à un très haut clergé.

Aussi bien à tout culte en telle place de culte mémoriale et parmi tels événements qu'il faille se rendre, suivant les aspirations du moment ou bien notre propre vice sérieux,

Ce soir à Circeto des hautes glaces, grasse comme le poisson, et enluminée comme les dix mois de la nuit rouge, — (son cœur ambre et spunck***), — pour ma seule prière muette comme ces régions de nuit et précédant des bravoures plus violentes que ce chaos polaire.

A tout prix et avec tous les airs, même dans des voyages métaphysiques. — Mais plus *alors*.

DÉMOCRATIE

« LE drapeau va au paysage immonde, et notre patois étouffe le tambour.

« Aux centres nous alimenterons la plus cynique prostitution. Nous massacrerons les révoltes logiques.

« Aux pays poivrés et détrempés ! — au service des plus monstrueuses exploitations industrielles ou militaires.

« Au revoir ici, n'importe où. Conscrits du bon vouloir, nous aurons la philosophie féroce ; ignorants pour la science, roués pour le confort ; la crevaison pour le monde qui va. C'est la vraie marche. En avant, route ! »

FAIRY

POUR Hélène** se conjurèrent les sèves ornementales dans les ombres vierges et les clartés impassibles dans le silence astral. L'ardeur de l'été fut confiée à des oiseaux muets et l'indolence requise à une barque de deuils sans prix par des anses d'amours morts et de parfums affaissés.

— Après le moment de l'air des bûcheronnes à la rumeur du torrent sous la ruine des bois, de la sonnerie des bestiaux à l'écho des vals, et des cris des steppes. —

Pour l'enfance d'Hélène frissonnèrent les fourrures et les ombres — et le sein des pauvres, et les légendes du ciel.

Et ses yeux et sa danse supérieurs encore aux éclats

précieux, aux influences froides, au plaisir du décor et de l'heure uniques.

GUERRE

ENFANT, certains ciels ont affiné mon optique : tous les caractères nuancèrent ma physionomie. Les Phénomènes s'émurent**. — A présent, l'inflexion éternelle des moments et l'infini des mathématiques me chassent par ce monde où je subis tous les succès civils, respecté de l'enfance étrange et des affections énormes. — Je songe à une Guerre de droit ou de force, de logique bien imprévue.

C'est aussi simple qu'une phrase musicale.

JEUNESSE

I

DIMANCHE

LES calculs de côté, l'inévitable descente du ciel et la visite des souvenirs et la séance des rhythmes occupent la demeure, la tête et le monde de l'esprit.

— Un cheval détale sur le turf suburbain, et le long des cultures et des boisements, percé par la peste carbonique. Une misérable femme de drame, quelque part dans le monde, soupire après des abandons improbables. Les desperadoes languissent après l'orage, l'ivresse et les blessures. De petits enfants étouffent des malédictions le long des rivières. —

Reprenons l'étude au bruit de l'œuvre dévorante qui se rassemble et remonte dans les masses.

II

SONNET

Homme de constitution ordinaire, la chair n'était-elle pas un fruit pendu dans le verger ; — o journées enfantes ! — le corps un trésor à prodigue ; — o aimer, le péril ou la force de Psyché ? La terre avait des versants fertiles en princes et en artistes et la descendance et la race vous poussaient aux crimes et aux deuils : le monde votre fortune et votre péril. Mais à présent, ce labeur comblé, — toi, tes calculs, — toi, tes impatiences — ne sont plus que votre danse et votre voix, non fixées et point forcées, quoique d'un double événement d'invention et de succès — une raison, — en l'humanité fraternelle et discrète par l'univers sans images ; — la force et le droit réfléchissent la danse et la voix à présent seulement appréciées.

III

VINGT ANS

Les voix instructives exilées.... L'ingénuité physique amèrement rassise.... — Adagio — Ah ! l'égoïsme infini de l'adolescence, l'optimisme studieux : que le monde était plein de fleurs cet été ! Les airs et les formes mourant…. — Un chœur, pour calmer l'impuissance et l'absence ! Un chœur de verres, de mélodies nocturnes…. En effet les nerfs vont vite chasser.

IV

Tu en es encore à la tentation d'Antoine. L'ébat du zèle écourté, les tics d'orgueil puéril, l'affaissement et l'effroi.

Mais tu te mettras à ce travail : toutes les possibilités harmoniques et architecturales s'émouvront autour de ton siège. Des êtres parfaits, imprévus, s'offriront à tes expériences. Dans tes environs affluera rêveusement la curiosité d'anciennes foules et de luxes oisifs. Ta mémoire et tes sens ne seront que la nourriture de ton impulsion créatrice. Quant au monde, quand tu sortiras, que sera-t-il devenu ? En tout cas, rien des apparences actuelles.

SOLDE

A VENDRE ce que les Juifs n'ont pas vendu, ce que noblesse ni crime n'ont goûté, ce qu'ignorent l'amour maudit et la probité infernale des masses : ce que le temps ni la science n'ont pas à reconnaître :

Les Voix reconstituées ; l'éveil fraternel de toutes les énergies chorales et orchestrales et leurs applications instantanées ; l'occasion, unique, de dégager nos sens !

A vendre les Corps sans prix, hors de toute race, de tout monde, de tout sexe, de toute descendance ! Les richesses jaillissant à chaque démarche ! Solde de diamants sans contrôle !

A vendre l'anarchie pour les masses ; la satisfaction irrépressible pour les amateurs supérieurs ; la mort atroce pour les fidèles et les amants !

A vendre les habitations et les migrations, sports, féeries et conforts parfaits, et le bruit, le mouvement et l'avenir qu'ils font !

A vendre les applications de calcul et les sauts d'harmonie inouïs. Les trouvailles et les termes non soupçonnés, possession immédiate.

Élan insensé et infini aux splendeurs invisibles, aux délices insensibles, — et ses secrets affolants pour chaque vice — et sa gaîté effrayante pour la foule —

— A vendre les Corps, les voix, l'immense opulence inquestionnable, ce qu'on ne vendra jamais. Les vendeurs ne sont pas à bout de solde ! Les voyageurs n'ont pas à rendre leur commission de si tôt !

GÉNIE

IL est l'affection et le présent puisqu'il a fait la maison ouverte à l'hiver écumeux et à la rumeur de l'été, lui qui a purifié les boissons et les aliments, lui qui est le charme des lieux fuyants et le délice surhumain des stations. Il est l'affection et l'avenir, la force et l'amour que nous, debout dans les rages et les ennuis, nous voyons passer dans le ciel de tempête et les drapeaux d'extase.

Il est l'amour, mesure parfaite et réinventée, raison merveilleuse et imprévue, et l'éternité : machine aimée des qualités fatales. Nous avons tous eu l'épouvante de sa concession et de la nôtre : ô jouissance de notre santé, élan de nos facultés, affection égoïste et passion pour lui, lui qui nous aime pour sa vie infinie...

Et nous nous le rappelons et il voyage... Et si l'Adoration s'en va, sonne, sa promesse sonne : « Arrière ces superstitions, ces anciens corps, ces ménages et ces âges. C'est cette époque-ci qui a sombré ! »

Il ne s'en ira pas, il ne redescendra pas d'un ciel, il n'accomplira pas la rédemption des colères de femmes et des gaîtés des hommes et de tout ce péché : car c'est fait, lui étant, et étant aimé.

Ô ses souffles, ses têtes, ses courses ; la terrible célérité de la perfection des formes et de l'action.

Ô fécondité de l'esprit et immensité de l'univers !

Son corps ! Le dégagement rêvé, le brisement de la grâce croisée de violence nouvelle !

Sa vue, sa vue ! tous les agenouillages anciens et les peines *relevés* à sa suite.

Son jour ! l'abolition de toutes souffrances sonores et mouvantes dans la musique plus intense.

Son pas ! les migrations plus énormes que les anciennes invasions.

Ô lui et nous ! l'orgueil plus bienveillant que les charités perdues.

Ô monde ! et le chant clair des malheurs nouveaux !

Il nous a connus tous et nous a tous aimés. Sachons, cette nuit d'hiver, de cap en cap, du pôle tumultueux au château, de la foule à la plage, de regards en regards, forces et sentiments las, le héler et le voir, et le renvoyer, et sous les marées et au haut des déserts de neige, suivre ses vues, ses souffles, son corps, son jour.

APPENDICES

LETTRES DITES DU VOYANT

A GEORGES IZAMBARD

Charleville, [13] mai 1871.

Cher Monsieur !

Vous revoilà professeur. On se doit à la Société, m'avez-vous dit ; vous faites partie des corps enseignants : vous roulez dans la bonne ornière. — Moi aussi, je suis le principe : je me fais cyniquement *entretenir ;* je déterre d'anciens imbéciles de collège : tout ce que je puis inventer de bête, de sale, de mauvais, en action et en parole, je le leur livre : on me paie en bocks et en filles. *Stat mater dolorosa, dum pendet filius.* — Je me dois à la Société, c'est juste, — et j'ai raison. — Vous aussi, vous avez raison, pour aujourd'hui. Au fond, vous ne voyez en votre principe que poésie subjective : votre obstination à regagner le râtelier universitaire, — pardon ! — le prouve ! Mais vous finirez toujours comme un satisfait qui n'a rien fait, n'ayant rien voulu faire. Sans compter que votre poésie subjective sera toujours horriblement fadasse. Un jour, j'espère, — bien d'autres espèrent la même chose, — je verrai dans votre principe la poésie objective, je la verrai plus sincèrement que vous ne le feriez !

— Je serai un travailleur : c'est l'idée qui me retient, quand les colères folles me poussent vers la bataille de Paris — où tant de travailleurs meurent pourtant encore tandis que je vous écris ! Travailler maintenant, jamais, jamais ; je suis en grève.

Maintenant, je m'encrapule le plus possible. Pourquoi ? Je veux être poète, et je travaille à me rendre *voyant* : vous ne comprendrez pas du tout, et je ne saurais presque vous expliquer. Il s'agit d'arriver à l'inconnu par le dérèglement de *tous les sens*. Les souffrances sont énormes, mais il faut être fort, être né poète, et je me suis reconnu poète. Ce n'est pas du tout ma faute. C'est faux de dire : Je pense : on devrait dire : On me pense. — Pardon du jeu de mots. —

Je est un autre. Tant pis pour le bois qui se trouve violon, et Nargue aux inconscients, qui ergotent sur ce qu'ils ignorent tout à fait !

Vous n'êtes pas Enseignant pour moi. Je vous donne ceci : est-ce de la satire, comme vous diriez ? Est-ce de la poésie ? C'est de la fantaisie, toujours. — Mais, je vous en supplie, ne soulignez ni du crayon, ni — trop — de la pensée :

LE CŒUR SUPPLICIÉ

Mon triste cœur bave à la poupe
etc...............................

Ça ne veut rien dire. — RÉPONDEZ-MOI : chez M. Deverrière, pour A.R.

Bonjour de cœur,

ART. RIMBAUD.

A PAUL DEMENY

à Douai.

Charleville, 15 mai 1871.

J'ai résolu de vous donner une heure de littérature nouvelle. Je commence de suite par un psaume d'actualité :

CHANT DE GUERRE PARISIEN

Le Printemps est évident, car...
etc.............................

A. RIMBAUD.

— Voici de la prose sur l'avenir de la poésie — Toute poésie antique aboutit à la poésie grecque ; Vie harmonieuse. — De la Grèce au mouvement romantique, — moyen âge, — il y a des lettrés, des versificateurs. D'Ennius à Théroldus, de Théroldus à Casimir Delavigne, tout est prose rimée, un jeu, avachissement et gloire d'innombrables générations idiotes : Racine est le pur, le fort, le grand. — On eût soufflé sur ses rimes, brouillé ses hémistiches, que le Divin Sot serait aujourd'hui aussi ignoré que le premier venu auteur d'Origines. — Après Racine, le jeu moisit. Il a duré deux mille ans !

Ni plaisanterie, ni paradoxe. La raison m'inspire plus de certitudes sur le sujet que n'aurait jamais eu de colères un jeune-France. Du reste, libres aux *nouveaux !* d'exécrer les ancêtres : on est chez soi et l'on a le temps.

On n'a jamais bien jugé le romantisme ; qui l'aurait jugé ? les critiques ! Les romantiques, qui prouvent si bien que la chanson est si peu souvent l'œuvre, c'est-à-dire la pensée chantée *et comprise* du chanteur ?

Car Je est un autre. Si le cuivre s'éveille clairon, il n'y a rien de sa faute. Cela m'est évident : j'assiste à l'éclosion de ma pensée : je la regarde, je l'écoute : je lance un coup d'archet : la symphonie fait son remuement dans les profondeurs, ou vient d'un bond sur la scène.

Si les vieux imbéciles n'avaient pas trouvé du Moi que la signification fausse, nous n'aurions pas à balayer ces millions de squelettes qui, depuis un temps infini !, ont accumulé les produits de leur intelligence borgnesse, en s'en clamant les auteurs !

En Grèce, ai-je dit, vers et lyres *rhythment l'Action*. Après, musique et rimes sont jeux, délassements. L'étude de ce passé charme les curieux : plusieurs s'éjouissent à renouveler ces antiquités : — c'est pour eux. L'intelligence universelle a toujours jeté ses idées, naturellement ; les hommes ramassaient une partie de ces fruits du cerveau : on agissait par, on en écrivait des livres : telle allait la marche, l'homme ne se travaillant pas, n'étant pas encore éveillé, ou pas encore dans la plénitude du grand songe. Des fonctionnaires, des écrivains : auteur, créateur, poète, cet homme n'a jamais existé !

La première étude de l'homme qui veut être poète est sa propre connaissance, entière, il cherche son âme, il l'inspecte, il la tente, il l'apprend. Dès qu'il la sait, il doit la cultiver ; cela semble simple : en tout cerveau s'accomplit un développement naturel ; tant d'*égoïstes* se proclament auteurs ; il en est bien d'autres qui s'attribuent leur progrès intellectuel ! — Mais il s'agit *de* faire l'âme monstrueuse : à l'instar des comprachicos, quoi ! Imaginez un homme s'implantant et se cultivant *des* verrues sur le visage.

Je dis qu'il faut être *voyant,* se faire *voyant.*

Le Poète se fait *voyant* par un long, immense et raisonné *dérèglement* de *tous les sens.* Toutes les formes d'amour, de souffrance, de folie ; il cherche lui-même, il épuise en lui tous les poisons, pour n'en garder que les quintessences. Ineffable torture où il a besoin de toute la foi, de toute la force surhumaine, où il devient entre tous le grand malade, le grand criminel, le grand maudit, — et le suprême Savant ! — Car il arrive à l'*inconnu* ! Puisqu'il a cultivé son âme, déjà riche, plus qu'aucun ! Il arrive à l'*inconnu,* et quand, affolé, il finirait par perdre l'intelligence de ses visions, il les a vues ! Qu'il crève dans son bondissement par les choses inouïes et innombrables : viendront d'autres horribles travailleurs ; ils commenceront par les horizons où l'autre s'est affaissé !

— la suite à six minutes —

Ici j'intercale un second psaume, *hors du texte :* veuillez tendre une oreille complaisante, — et tout le monde sera charmé. — J'ai l'archet en main, je commence :

Mes petites amoureuses

Un hydrolat lacrymal lave
etc............................

A.R.

Voilà. Et remarquez bien que, si je ne craignais de vous faire débourser plus de 60 c. de port, — moi pauvre effaré qui, depuis sept mois, n'ai pas tenu un seul rond de bronze ! — je vous livrerais encore mes Amants de Paris, cent hexamètres, Monsieur, et ma Mort de Paris, deux cents hexamètres ! — Je reprends :

Donc le poète est vraiment voleur de feu.

Il est chargé de l'humanité, des *animaux* même ; il devra faire sentir, palper, écouter ses inventions ; si ce qu'il rapporte *de là-bas* a forme, il donne forme : si c'est informe, il donne de l'informe. Trouver une langue ;

— Du reste, toute parole étant idée, le temps d'un

193

langage universel viendra! Il faut être académicien, —
plus mort qu'un fossile, — pour parfaire un dictionnaire,
de quelque langue que ce soit. Des faibles se mettraient
à *penser* sur la première lettre de l'alphabet, qui pour-
raient vite ruer dans la folie!

Cette langue sera de l'âme pour l'âme, résumant tout,
parfums, sons, couleurs, de la pensée accrochant la
pensée et tirant. Le poète définirait la quantité
d'inconnu s'éveillant en son temps dans l'âme univer-
selle : il donnerait plus — que la formule de sa pensée,
que la notation de *sa marche au Progrès!* Énormité
devenant norme, absorbée par tous, il serait vraiment *un
multiplicateur de progrès!*

Cet avenir sera matérialiste, vous le voyez; — Tou-
jours pleins du *Nombre* et de l'*Harmonie* ces poèmes
seront faits pour rester. — Au fond, ce serait encore un
peu la Poésie grecque. L'art éternel aurait ses fonctions;
comme les poètes sont citoyens. La Poésie ne rhythmera
plus l'action; elle *sera en avant*.

Ces poètes seront! Quand sera brisé l'infini servage de
la femme, quand elle vivra pour elle et par elle,
l'homme, jusqu'ici abominable, — lui ayant donné son
renvoi, elle sera poète, elle aussi! La femme trouvera de
l'inconnu! Ses mondes d'idées différeront-ils des
nôtres? — Elle trouvera des choses étranges, inson-
dables, repoussantes, délicieuses; nous les prendrons,
nous les comprendrons.

En attendant, demandons aux *poètes* du *nouveau,* —
idées et formes. Tous les habiles croiraient bientôt avoir
satisfait à cette demande. — Ce n'est pas cela!

Les premiers romantiques ont été *voyants* sans trop
bien s'en rendre compte : la culture de leurs âmes s'est
commencée aux accidents : locomotives abandonnées,
mais brûlantes, que prennent quelque temps les rails. —
Lamartine est quelquefois voyant, mais étranglé par la

forme vieille. — Hugo, *trop cabochard,* a bien du *vu* dans les derniers volumes : *Les Misérables* sont un vrai poème. J'ai *Les Châtiments* sous la main ; *Stella* donne à peu près la mesure de la *vue* de Hugo. Trop de Belmontet et de Lammenais, de Jéhovahs et de colonnes, vieilles énormités crevées.

Musset est quatorze fois exécrable pour nous, générations douloureuses et prises de visions, — que sa paresse d'ange a insultées ! Ô ! les contes et les proverbes fadasses ! Ô les nuits ! Ô *Rolla, ô Namouna, ô la Coupe !* Tout est français, c'est-à-dire haïssable au suprême degré ; français, pas parisien ! Encore une œuvre de cet odieux génie qui a inspiré Rabelais, Voltaire, Jean La Fontaine ! commenté par M. Taine ! Printanier, l'esprit de Musset ! Charmant, son amour ! En voilà, de la peinture à l'émail, de la poésie solide ! On savourera longtemps la poésie *française,* mais en France. Tout garçon épicier est en mesure de débobiner une apostrophe Rollaque, tout séminariste en porte les cinq cents rimes dans le secret d'un carnet. A quinze ans, ces élans de passion mettent les jeunes en rut ; à seize ans, ils se contentent déjà de les réciter avec *cœur* ; à dix-huit ans, à dix-sept même, tout collégien qui a le moyen, fait le Rolla, écrit un Rolla ! Quelques-uns en meurent peut-être encore. Musset n'a rien su faire : il y avait des visions derrière la gaze des rideaux : il a fermé les yeux. Français, panadif, traîné de l'estaminet au pupitre de collège, le beau mort est mort, et, désormais, ne nous donnons même plus la peine de le réveiller par nos abominations !

Les seconds romantiques sont très *voyants* : Th. Gautier, Lec. de Lisle, Th. de Banville. Mais inspecter l'invisible et entendre l'inouï étant autre chose que reprendre l'esprit des choses mortes, Baudelaire est le premier voyant, roi des poètes, *un vrai Dieu.* Encore a-t-il vécu dans un milieu trop artiste ; et la forme si vantée en lui est mesquine : les inventions d'inconnu réclament des formes nouvelles.

Rompue aux formes vieilles, parmi les innocents, A. Renaud, — a fait son Rolla, — L. Grandet, — a fait son Rolla ; — les gaulois et les Musset, G. Lafenestre, Coran, Cl. Popelin, Soulary, L. Salles ; les écoliers, Marc, Aicard, Theuriet ; les morts et les imbéciles, Autran, Barbier, L. Pichat, Lemoyne, les Deschamps, les Desessarts ; les journalistes, L. Cladel, Robert Luzarches, X. de Ricard ; les fantaisistes, C. Mendès ; les bohèmes ; les femmes ; les talents, Léon Dierx, Sully-Prudhomme, Coppée, — la nouvelle école, dite parnassienne, a deux voyants, Albert Mérat et Paul Verlaine, un vrai Poète. — Voilà. — Ainsi je travaille a me rendre *voyant*. — Et finissons par un chant pieux.

ACCROUPISSEMENTS

> Bien tard, quand il se sent l'estomac
> écœuré,
> etc.............................

Vous seriez exécrable de ne pas répondre : vite car dans huit jours je serai à Paris, peut-être.

Au revoir. A. RIMBAUD.

LES DÉSERTS DE L'AMOUR

Avertissement

Ces écritures-ci sont d'un jeune, tout jeune *homme*, dont la vie s'est développée n'importe où ; sans mère, sans pays, insoucieux de tout ce qu'on connaît, fuyant toute force morale, comme furent déjà plusieurs pitoyables jeunes hommes. Mais, lui, si ennuyé et si troublé, qu'il ne fit que s'amener à la mort comme à une pudeur terrible et fatale. N'ayant pas aimé de femmes, — quoique plein de sang ! — il eut son âme et son cœur, toute sa force, élevés en des erreurs étranges et tristes. Des rêves suivants, — ses amours ! — qui lui vinrent dans ses lits ou dans les rues, et de leur suite et de leur fin, de douces considérations religieuses se dégagent. Peut-être se rappellera-t-on le sommeil continu des Mahométans légendaires, — braves pourtant et circoncis ! Mais, cette bizarre souffrance possédant une autorité inquiétante, il faut sincèrement désirer que cette Ame, égarée parmi nous tous, et qui veut la mort, ce semble, rencontre en cet instant-là des consolations sérieuses et soit digne !

A. Rimbaud.

C'est, certes, la même campagne. La même maison rustique de mes parents : la salle même où les dessus de portes sont des bergeries roussies, avec des armes et des lions. Au dîner, il y a un salon avec des bougies et des vins et des boiseries rustiques. La table à manger est très grande. Les servantes ! elles étaient plusieurs, autant que je m'en suis souvenu. — Il y avait là un de mes jeunes amis anciens, prêtre et vêtu en prêtre ; maintenant : c'était pour être plus libre. Je me souviens de sa chambre de pourpre, à vitres de papier jaune : et ses livres, cachés, qui avaient trempé dans l'océan !

Moi, j'étais abandonné, dans cette maison de campagne sans fin : lisant dans la cuisine, séchant la boue de mes habits devant les hôtes, aux conversations du salon : ému jusqu'à la mort par le murmure du lait du matin et de la nuit du siècle dernier.

J'étais dans une chambre très sombre : que faisais-je ? Une servante vint près de moi : je puis dire que c'était un petit chien : quoiqu'elle fût belle, et d'une noblesse maternelle inexprimable pour moi : pure, connue, toute charmante ! Elle me pinça le bras.

Je ne me rappelle même plus bien sa figure : ce n'est pas pour me rappeler son bras, dont je roulai la peau dans mes deux doigts ; ni sa bouche, que la mienne saisit comme une petite vague désespérée, minant sans fin quelque chose. Je la renversai dans une corbeille de coussins et de toiles de navire, en un coin noir. Je ne me rappelle plus que son pantalon à dentelles blanches.

Puis, ô désespoir, la cloison devint vaguement l'ombre des arbres, et je me suis abîmé sous la tristesse amoureuse de la nuit.

CETTE fois, c'est la Femme que j'ai vue dans la Ville, et à qui j'ai parlé et qui me parle.

J'étais dans une chambre, sans lumière. On vint me dire qu'elle était chez moi : et je la vis dans mon lit, toute à moi, sans lumière ! Je fus très ému, et beaucoup parce que c'était la maison de famille : aussi une détresse me prit ! J'étais en haillons, moi, et elle, mondaine qui se donnait : il lui fallait s'en aller ! Une détresse sans nom : je la pris, et la laissai tomber hors du lit, presque nue ; et, dans ma faiblesse indicible, je tombai sur elle et me traînai avec elle parmi les tapis, sans lumière. La lampe de la famille rougissait l'une après l'autre les chambres voisines. Alors, la femme disparut. Je versai plus de larmes que Dieu n'en a pu jamais demander.

Je sortis dans la ville sans fin. Ô fatigue ! Noyé dans la nuit sourde et dans la fuite du bonheur. C'était comme une nuit d'hiver, avec une neige pour étouffer le monde décidément. Les amis, auxquels je criais : où reste-t-elle, répondaient faussement. Je fus devant les vitrages de là où elle va tous les soirs : je courais dans un jardin enseveli. On m'a repoussé. Je pleurais énormément, à tout cela. Enfin, je suis descendu dans un lieu plein de poussière, et, assis sur des charpentes, j'ai laissé finir toutes les larmes de mon corps avec cette nuit. — Et mon épuisement me revenait pourtant toujours.

J'ai compris qu'elle était à sa vie de tous les jours ; et que le tour de bonté serait plus long à se reproduire qu'une étoile. Elle n'est pas revenue, et ne reviendra jamais, l'Adorable qui s'était rendue chez moi, — ce que je n'aurais jamais présumé. Vrai, cette fois j'ai pleuré plus que tous les enfants du monde.

PROSES « ÉVANGÉLIQUES »

A Samarie, plusieurs ont manifesté leur foi en lui. Il ne les a pas vus. Samarie s'enorgueillissait la parvenue, la perfide, l'égoïste, plus rigide observatrice de sa loi protestante que Juda des tables antiques. Là la richesse universelle permettait bien peu de discussion éclairée. Le sophisme, esclave et soldat de la routine, y avait déjà après les avoir flattés, égorgé plusieurs prophètes.

C'était un mot sinistre, celui de la femme à la fontaine : « Vous êtes prophète, vous savez ce que j'ai fait. »

Les femmes et les hommes croyaient aux prophètes. Maintenant on croit à l'homme d'état.

A deux pas de la ville étrangère, incapable de la menacer matériellement, s'il était pris comme prophète, puisqu'il s'était montré là si bizarre, qu'aurait-il fait ?

Jésus n'a rien pu dire à Samarie.

*

L'air léger et charmant de la Galilée : les habitants le reçurent avec une joie curieuse : ils l'avaient vu, secoué par la sainte colère, fouetter les changeurs et les marchands de gibier du temple. Miracle de la jeunesse pâle et furieuse, croyaient-ils.

Il sentit sa main aux mains chargés de bagues et à la

bouche d'un officier. L'officier était à genoux dans la poudre : et sa tête était assez plaisante, quoique à demi chauve.

Les voitures filaient dans les étroites rues de la ville ; un mouvement, assez fort pour ce bourg ; tout semblait devoir être trop content ce soir-là.

Jésus retira sa main : il eut un mouvement d'orgueil enfantin et féminin. « Vous autres, si vous ne voyez point des miracles, vous ne croyez point. »

Jésus n'avait point encor fait de miracles. Il avait, dans une noce, dans une salle à manger verte et rose, parlé un peu hautement à la Sainte Vierge. Et personne n'avait parlé du vin de Cana à Capharnaüm, ni sur le marché, ni sur les quais. Les bourgeois peut-être.

Jésus dit : « Allez, votre fils se porte bien. » L'officier s'en alla, comme on porte quelque pharmacie légère, et Jésus continua par les rues moins fréquentées. Des liserons orange, des bourraches montraient leur lueur magique entre les pavés. Enfin il vit au loin la prairie poussiéreuse, et les boutons d'or et les marguerites demandant grâce au jour.

*

Bethsaïda, la piscine des cinq galeries, était un point d'ennui. Il semblait que ce fût un sinistre lavoir, toujours accablé de la pluie et noir ; et les mendiants s'agitant sur les marches intérieures ; — blêmies par ces lueurs d'orages précurseurs des éclairs d'enfer, en plaisantant sur leurs yeux bleus aveugles, sur les linges blancs ou bleus dont s'entouraient leurs moignons. Ô buanderie militaire, ô bain populaire. L'eau était toujours noire, et nul infirme n'y tombait même en songe.

C'est là que Jésus fit la première action grave ; avec les infâmes infirmes. Il y avait un jour, de février, mars ou avril, où le soleil de deux heures après midi, laissait s'étaler une grande faux de lumière sur l'eau ensevelie, et comme, là-bas, loin derrière les infirmes, j'aurais pu voir tout ce que ce rayon seul éveillait de bourgeons et de cristaux et de vers, dans le reflet, pareil à un ange blanc couché sur le côté, tous les reflets infiniment pâles remuaient.

Alors tous les péchés, fils légers et tenaces du démon, qui pour les cœurs un peu sensibles, rendaient ces hommes plus effrayants que les monstres, voulaient se jeter à cette eau. Les infirmes descendaient, ne raillant plus ; mais avec envie.

Les premiers entrés sortaient guéris, disait-on. Non. Les péchés les rejetaient sur les marches, et les forçaient de chercher d'autres postes : car leur Démon ne peut rester qu'aux lieux où l'aumône est sûre.

Jésus entra aussitôt après l'heure de midi. Personne ne lavait ni ne descendait de bêtes. La lumière dans la piscine était jaune comme les dernières feuilles des vignes. Le divin maître se tenait contre une colonne : il regardait les fils du Péché ; le démon tirait sa langue en leur langue ; et riait ou niait.

Le Paralytique se leva, qui était resté couché sur le flanc, franchit la galerie et ce fut d'un pas singulièrement assuré qu'ils le virent franchir la galerie et disparaître dans la ville, les Damnés.

ALBUM ZUTIQUE

CONNERIES

I JEUNE GOINFRE

Casquette
De moire,
Quéquette
D'ivoire,

Toilette
Très noire
Paul guette
L'armoire,

Projette
Languette
Sur poire,

S'apprête,
Baguette,
Et foire.

A.R.

II PARIS

A L. Godillot, Gambier,
Galopeau, Wolf-Pleyel,
— Ô Robinets! — Menier,
— Ô Christs! — Leperdriel!

Kinck, Jacob, Bonbonnel!
Veuillot, Tropmann, Augier!
Gill, Mendès, Manuel,
Guido Gonin! — Panier

Des Grâces! L'Hérissé!
Cirages onctueux!
Pains vieux, spiritueux!

Aveugles! — puis, qui sait? —
Sergents de ville, Enghiens
Chez soi! — Soyons chrétiens!

A.R.

CONNERIES 2e série

I COCHER IVRE

Pouacre
Boit :
Nacre
Voit :

Acre
Loi,
Fiacre
Choit !
Femme
Tombe,
Lombe

Saigne :
— Clame !
Geigne.

A.R.

VIEUX DE LA VIEILLE

Aux paysans de l'empereur !
A l'empereur des paysans !
Au fils de Mars,
Au glorieux 18 mars !
Où le ciel d'Eugénie a béni les entrailles !

LES LÈVRES CLOSES

VU À ROME

Il est, à Rome, à la Sixtine,
Couverte d'emblèmes chrétiens,
Une cassette écarlatine

Où sèchent des nez fort anciens :

Nez d'ascètes de Thébaïde,
Nez de chanoines du Saint Graal
Où se figea la nuit livide,
Et l'ancien plain-chant sépulcral.
 Dans leur sécheresse mystique,
 Tous les matins, on introduit
 De l'immondice schismatique
 Qu'en poudre fine on a réduit.

LÉON DIERX.
A.R.

FÊTE GALANTE

Rêveur, Scapin
Gratte un lapin
Sous sa capote.

Colombina
— Que l'on pina ! —
— Do, mi, — tapote

L'œil du lapin
Qui tôt, tapin,
Est en ribote...

PAUL VERLAINE
A.R.

L'ANGELOT MAUDIT

Toits bleuâtres et portes blanches
Comme en de nocturnes dimanches,

Au bout de la ville sans bruit
La Rue est blanche, et c'est la nuit.

La Rue a des maisons étranges
Avec des persiennes d'Anges.
Mais, vers une borne, voici
Accourir, mauvais et transi,

Un noir Angelot qui titube,
Ayant trop mangé de jujube.

Il fait caca : puis disparaît :
Mais son caca maudit paraît,

Sous la lune sainte qui vaque,
De sang sale un léger cloaque !

LOUIS RATISBONNE.
A. RIMBAUD.

LYS

Ô balançoirs ! ô lys ! Clysopompes d'argent !
Dédaigneux des travaux, dédaigneux des famines !
L'Aurore vous emplit d'un amour détergent !
Une douceur de ciel beurre vos étamines !

ARMAND SILVESTRE.
A. R.

L'Humanité chaussait le vaste enfant Progrès.

LOUIS-XAVIER DE RICARD.
A. R.

LES REMEMBRANCES DU VIEILLARD IDIOT

Pardon, mon père !
        Jeune, aux foires de campagne,
Je cherchais, non le tir banal où tout coup gagne,
Mais l'endroit plein de cris où les ânes, le flanc
Fatigué, déployaient ce long tube sanglant
Que je ne comprends pas encore !...
                  Et puis ma mère,
Dont la chemise avait une senteur amère
Quoique fripée au bas et jaune comme un fruit,
Ma mère qui montait au lit avec un bruit
— Fils du travail pourtant, — ma mère, avec sa cuisse
De femme mûre, avec ses reins très gros où plisse
Le linge, me donna ces chaleurs que l'on tait !...

Une honte plus crue et plus calme, c'était
Quand ma petite sœur, au retour de la classe,
Ayant usé longtemps ses sabots sur la glace,
Pissait, et regardait s'échapper de sa lèvre
D'en bas, serrée et rose, un fil d'urine mièvre !...

Ô pardon !
        Je songeais à mon père parfois :
Le soir, le jeu de cartes et les mots plus grivois,
Le voisin, et moi qu'on écartait, choses vues...
— Car un père est troublant ! — et les choses
                        conçues !...
Son genou, câlineur parfois ; son pantalon
Dont mon doigt désirait ouvrir la fente... — oh ! non ! —
Pour avoir le bout, gros, noir et dur, de mon père,
Dont la pileuse main me berçait !...
                      Je veux taire

Le pot, l'assiette à manche, entrevue au grenier,
Les almanachs couverts en rouge, et le panier
De charpie, et la Bible, et les lieux, et la bonne,
La Sainte-Vierge et le crucifix...
                                        Oh! personne
Ne fut si fréquemment troublé, comme étonné!
Et maintenant, que le pardon me soit donné :
Puisque les sens infects m'ont mis de leurs victimes,
Je me confesse de l'aveu des jeunes crimes!...
....
Puis! — qu'il me soit permis de parler au Seigneur! —
Pourquoi la puberté tardive et le malheur
Du gland tenace et trop consulté? Pourquoi l'ombre
Si lente au bas du ventre? et ces terreurs sans nombre
Comblant toujours la joie ainsi qu'un gravier noir?

— Moi j'ai toujours été stupéfait! Quoi savoir?
....
Pardonné?...
                    Reprenez la chancelière bleue,
Mon père.
              Ô cette enfance!........................
....
.... — et tirons-nous la queue!.

FRANÇOIS COPPÉE.
A. R.

VIEUX COPPÉES

Les soirs d'été, sous l'œil ardent des devantures,
Quand la sève frémit sous les grilles obscures

Irradiant au pied des grêles marronniers,
Hors de ces groupes noirs, joyeux ou casaniers,
Suceurs du brûle-gueule ou baiseurs de cigare,
Dans le kiosque mi-pierre étroit où je m'égare,
— Tandis qu'en haut rougeoie une annonce d'*Ibled*, —
Je songe que l'hiver figera le Tibet
D'eau propre qui bruit, apaisant l'onde humaine,
— Et que l'âpre aquilon n'épargne aucune veine.

FRANÇOIS COPPÉE.
A. RIMBAUD.

Aux livres de chevet, livres de l'art serein,
Obermann et Genlis, *Vert-Vert* et le *Lutrin,*
Blasé de nouveauté grisâtre et saugrenue,
J'espère, la vieillesse étant enfin venue,
Ajouter le traité du Docteur Venetti.
Je saurai, revenu du public abêti,
Goûter le charme ancien des dessins nécessaires.
Écrivain et graveur ont doré les misères
Sexuelles, et c'est, n'est-ce pas, cordial :
DR VENETTI, *Traité de l'Amour conjugal.*

F. COPPÉE.
A. R.

J'OCCUPAIS un wagon de troisième : un vieux prêtre
Sortit un brûle-gueule et mit à la fenêtre,
Vers les brises, son front très calme aux poils pâlis.
Puis ce chrétien, bravant les brocards impolis,

212

S'étant tourné, me fit la demande énergique
Et triste en même temps d'une petite chique
De caporal, — ayant été l'aumônier-chef
D'un rejeton royal condamné derechef ; —
Pour malaxer l'ennui d'un tunnel, sombre veine
Qui s'offre aux voyageurs, près Soissons, ville d'Aisne.

JE préfère sans doute, au printemps, la guinguette
Où des marronniers nains bourgeonne la baguette,
VERS la prairie étroite et communale, au mois
De mai. Des jeunes chiens rabroués bien des fois
Viennent près des Buveurs triturer des jacinthes
De plate-bande. Et c'est, jusqu'aux soirs d'hyacinthe,
Sur la table d'ardoise où, l'an dix-sept cent vingt,
Un diacre grava son sobriquet latin
Maigre comme une prose à des vitraux d'église,
La toux des flacons noirs qui jamais ne les grise.

FRANÇOIS COPPÉE.
A. R.

ÉTAT DE SIÈGE ?

Le pauvre postillon, sous le dais de fer blanc,
Chauffant une engelure énorme sous son gant,
Suit son lourd omnibus parmi la rive gauche
Et de son aine en flamme écarte la sacoche.
Et, tandis que, douce ombre où des gendarmes sont,
L'honnête intérieur regarde au ciel profond
La lune se bercer parmi la verte ouate,
Malgré l'édit et l'heure encore délicate,

Et que l'omnibus rentre à l'Odéon, impur
Le débauché glapit au carrefour obscur!

FRANÇOIS COPPÉE.
A. R.

RESSOUVENIR

Cette année où naquit le Prince impérial
Me laisse un souvenir largement cordial
D'un Paris limpide où des N d'or et de neige
Aux grilles du palais, aux gradins du manège,
Éclatent, tricolorement enrubannés.
Dans le remous public des grands chapeaux fanés,
Des chauds gilets à fleurs, des vieilles redingotes,
Et des chants d'ouvriers anciens dans les gargotes
Sur des châles jonchés l'Empereur marche, noir
Et propre, avec la Sainte Espagnole, le soir.

FRANÇOIS COPPÉE.

LE BALAI

C'est un humble balai de chiendent, trop dur
Pour une chambre ou pour la peinture d'un mur.
L'usage en est navrant et ne vaut pas qu'on rie.
Racine prise à quelque ancienne prairie
Son crin inerte sèche : et son manche a blanchi,
Tel qu'un bois d'île à la canicule rougi.

La cordelette semble une tresse gelée.
J'aime de cet objet la saveur désolée
Et j'en voudrais laver tes larges bords de lait
Ô Lune où l'esprit de nos Sœurs mortes se plaît.

F.C.

EXIL

. . . .

Que l'on s'intéressa souvent, mon cher Conneau!...
Plus qu'à l'oncle vainqueur, au Petit Ramponneau!...
Que tout honnête instinct sort du Peuple débile!...
Hélas! Et qui a fait mal tourner notre bile!...
Et qu'il nous sied déjà de pousser le verrou
Au vent que les enfants nomment Bari-Barou!...

. . . .

Fragment d'une épître en vers de Napoléon III(1871).

HYPOTYPOSES SATURNIENNES
EX-BELMONTET

Quel est donc ce mystère impénétrable et sombre?
Pourquoi, sans projeter leur voile blanche, sombre
        Tout jeune esquif royal gréé?
Renversons la douleur de nos lacrymatoires —

. . . .

L'amour veut vivre aux dépens de sa sœur
L'amitié vit aux dépens de son frère.
. . . .

Le sceptre, qu'à peine on révère,
N'est que la croix d'un grand calvaire
Sur le volcan des nations !
. . . .

Oh ! l'honneur ruisselait sur ta mâle moustache.

BELMONTET
archétype Parnassien.

LES STUPRA

Les anciens animaux saillissaient, même en course,
Avec des glands bardés de sang et d'excrément.
Nos pères étalaient leur membre fièrement
Par le pli de la gaine et le grain de la bourse.

Au moyen âge pour la femelle, ange ou pource,
Il fallait un gaillard de solide grément ;
Même un Kléber, d'après la culotte qui ment
Peut-être un peu, n'a pas dû manquer de ressource.

D'ailleurs l'homme au plus fier mammifère est égal ;
L'énormité de leur membre à tort nous étonne ;
Mais une heure stérile a sonné : le cheval

Et le bœuf ont bridé leurs ardeurs, et personne
N'osera plus dresser son orgueil génital
Dans les bosquets où grouille une enfance bouffonne.

Nos fesses ne sont pas les leurs. Souvent j'ai vu
Des gens déboutonnés derrière quelque haie,
Et, dans ces bains sans gêne où l'enfance s'égaie,
J'observais le plan et l'effet de notre cul.

Plus ferme, blême en bien des cas, il est pourvu
De méplats évidents que tapisse la claie
Des poils ; pour elles, c'est seulement dans la raie
Charmante que fleurit le long satin touffu.

Une ingéniosité touchante et merveilleuse
Comme l'on ne voit qu'aux anges des saints tableaux
Imite la joue où le sourire se creuse.

Oh ! de même être nus, chercher joie et repos,
Le front tourné vers sa portion glorieuse,
Et libres tous les deux murmurer des sanglots ?

L'IDOLE

SONNET DU TROU DU CUL

Obscur et froncé comme un œillet violet
Il respire, humblement tapi parmi la mousse
Humide encor d'amour qui suit la fuite douce
Des Fesses blanches jusqu'au cœur de son ourlet.

Des filaments pareils à des larmes de lait
Ont pleuré sous le vent cruel qui les repousse,
A travers de petits caillots de marne rousse
Pour s'aller perdre où la pente les appelait.

Mon Rêve s'aboucha souvent à sa ventouse ;
Mon âme, du coït matériel jalouse,
En fit son larmier fauve et son nid de sanglots.

Les Stupra

C'est l'olive pâmée, et la flûte câline,
C'est le tube où descend la céleste praline :
Chanaan féminin dans les moiteurs enclos !

Albert Mérat.
P. V.-A. R.

TABLE DES MATIÈRES

IMPRIMÉ EN CEE
le 05-10-1994
B/024-93 – Dépôt légal, avril 1993

ISBN : 287714-132-2